Dr. med. Gerd Schulte-Körne

Elternratgeber Legasthenie

- **Frühzeitig erkennen**
- **Optimal fördern**
- **Gezielt therapieren**

www.knaur.de

Inhaltsverzeichnis

Inhalt

Vorwort

Täglich werde ich von Eltern gefragt: Ob bei ihrem Kind eine Legasthenie vorliegt? Wo man die Diagnostik durchführen kann? Was sind die Ursachen? Wie Eltern helfen können? Motiviert durch meine Arbeit mit legasthenen Kindern und ihren Familien in der Diagnostik, Förderung und Forschung, habe ich die Erkenntnisse der letzten Jahre aus Praxis und Forschung zusammengestellt.

Der *Elternratgeber Legasthenie* gibt Ihnen die aktuellste, wissenschaftlich fundierteste und umfassendste Übersicht zu den Themen Diagnostik, Ursachen und Förderung bei der Legasthenie. Acht Kapitel führen Sie von der Frage, was Legasthenie ist, bis zu der Darstellung, wie Eltern ihre Kinder fördern können. Beispiele aus der Praxis geleiten Sie durch dieses Buch und geben Ihnen viele praktische Hinweise, wie Sie die Hausaufgaben mit Ihrem Kind durchführen können, was Sie über die Schule wissen sollten und wo Sie Hilfe finden. Wichtig war mir auch die Information über die Möglichkeiten, die Sie als Eltern haben, um die Chancen Ihres legasthenen Kindes in unserem Bildungssystem zu verbessern.

Aktuelle Ergebnisse der Ursachenforschung geben Ihnen neue Einsichten und werden Ihr Verständnis der Legasthenie verbessern.

Den größten Umfang in diesem Buch nehmen die Förder- und Behandlungsmöglichkeiten ein. Es gibt mittlerweile Förderprogramme, die in ihrer Wirksamkeit gut untersucht sind und die ich Ihnen und den Therapeuten Ihres Kindes empfehlen kann. Ich stelle sie Ihnen in diesem Buch vor. Leider ist die Verbreitung von nicht wirksamen Programmen sehr groß. In diesem Buch erfahren Sie auch, welche Programme *nicht* zu empfehlen sind.

Der *Bundesverband Legasthenie und Dyskalkulie e. V.* vertritt bundesweit die Interessen und Rechte der Eltern. Ich möchte mich für die Unterstützung des Verbandes für dieses Buch sehr herzlich bedanken. Ferner gilt mein Dank der Lektorin Frau Dr. Jabs, die mit ihren Anregungen zur Gestalt dieses Buches beigetragen hat.

Dr. med. Gerd Schulte-Körne
Arbeitsgruppe Lese-Rechtschreibstörung
Klinik für Kinder- und Jugendpsychiatrie und -psychotherapie
Philipps Universität Marburg

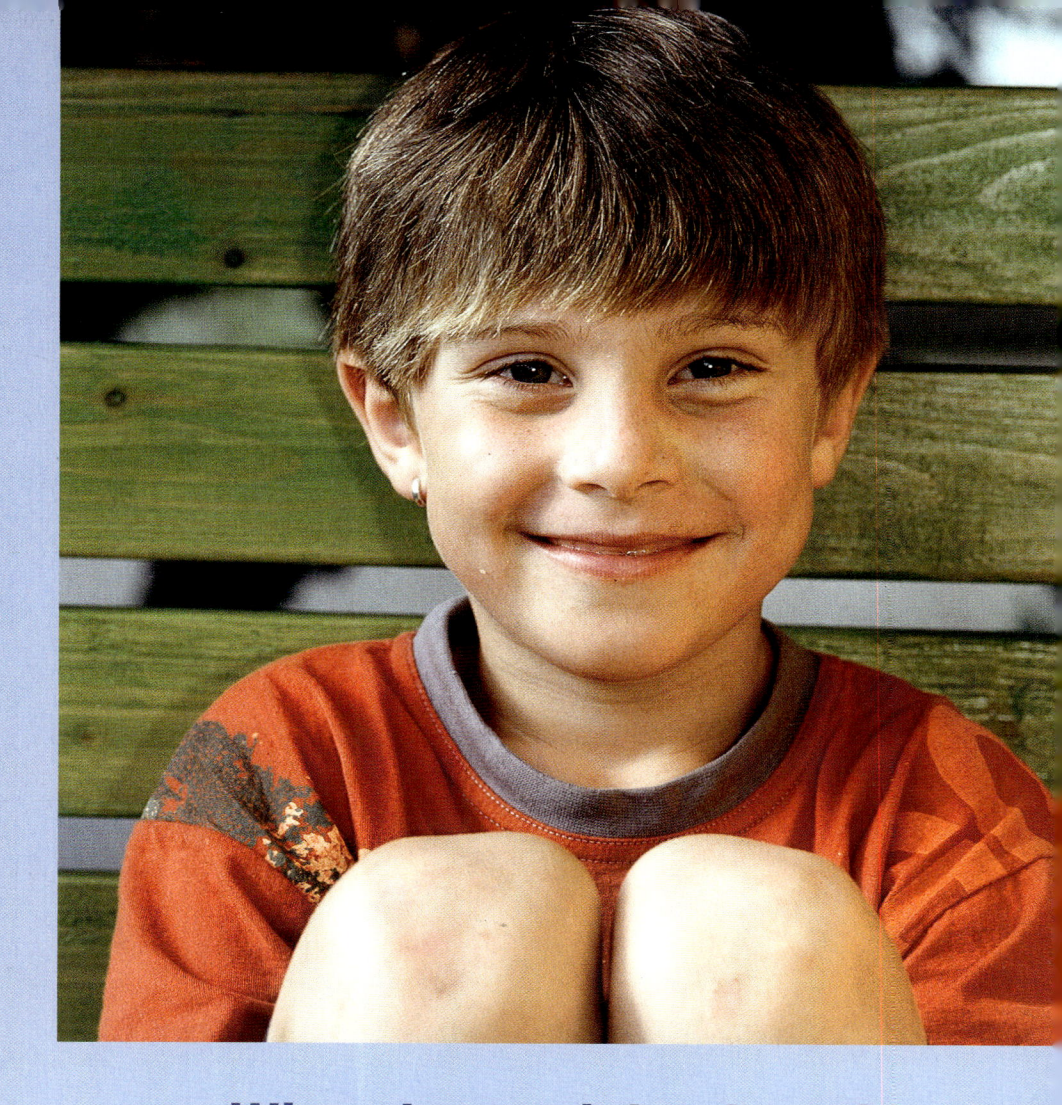

Wie erkenne ich, ob mein Kind eine Legasthenie hat?

Viele Fehler beim Schreiben sowie langsames und fehlerhaftes Lesen kennzeichnen häufig die Legasthenie. Aber auch Bauch- und Kopfschmerzen können erste Anzeichen sein.

Fallbeispiel: Erste Anzeichen

Max besucht die dritte Klasse der Grundschule. Er hat sich auf die Schule gefreut, ging zunächst immer gerne zur Schule. In den letzten Wochen hat Max morgens immer häufiger Bauchschmerzen, er steht nur ungern auf und hat keinen Appetit. Da die Bauchschmerzen immer schlimmer werden, geht Max' Mutter mit ihm zum Kinderarzt. Nach eingehender Untersuchung kommt der Kinderarzt zu dem Ergebnis, dass Max körperlich gesund sei. Jedoch falle ihm auf, dass Max traurig wirke. Der Kinderarzt fragt, ob Max Probleme in der Schule habe. Zunächst denkt Max' Mutter, dass schulisch alles in Ordnung sei. Dann erinnert sie sich, dass Max im dritten Schuljahr bei Diktaten recht viele Fehler hat und die Lehrerin sie schon im Elterngespräch gebeten hat, mehr mit Max zu üben. Sie habe zwar der Lehrerin gleich geantwortet, dass sie regelmäßig mit Max übt, jedoch gedacht, dass dies wohl nicht genug sei.

Der Kinderarzt rät Max' Mutter, zu einem Fachkollegen, einem Kinder- und Jugendpsychiater, zu gehen, um zu überprüfen, warum Max so traurig ist. Möglicherweise hängt dies mit seinen Rechtschreibproblemen zusammen.

> **Auch Bauch- und Kopfschmerzen vor der Schule können erste Anzeichen einer Legasthenie sein.**

Diese kurze Fallgeschichte soll verdeutlichen, dass ein legasthenes Kind zuerst vielleicht durch ganz andere Probleme als die Schwierigkeiten beim Lesen und Rechtschreiben auffällt.

Natürlich stehen Schwierigkeiten beim Schreiben von Wörtern und Lesen von einzelnen Buchstaben und Wörtern im Vordergrund der Legasthenie. Aber auch Verhaltensauffälligkeiten können zusätzliche Hinweise für das Vorliegen einer Legasthenie sein: Herumkaspern in der Schule, Kopf- und Bauchschmerzen vor Klassenarbeiten, Schlafstörungen oder nächtliches Einnässen, das wieder auftritt, obwohl das Kind seit mehreren Jahren trocken ist.

In den ersten beiden Schuljahren haben legasthene Kinder beim Rechtschreiben große Schwierigkeiten, einzelne Buchstaben zu unterscheiden und zu schreiben. Trotz Unterstützung fällt es besonders schwer, für das gehörte Wort die richtigen Buchstaben zu finden. Einzelne Buchstaben werden weggelassen oder auch zusätzlich eingefügt. Z.B. wird anstatt »Kind« nur »Kin« geschrieben, anstatt »Maus« nur »Mas«. Zum Teil werden nur Wortruinen verschriftlicht, wie z.B. »letr« für »Blätter«. Auch das Abschreiben aus einem Buch oder von der Tafel gelingt nur mit vielen

> **Das Schreiben von Buchstaben und das Abschreiben von Texten bereiten Legasthenikern bereits in der ersten Klasse große Probleme.**

Form A

18	In der _Liabrig_ arbeiten viele Menschen.	☐	I I
19	Menschen _verschterdigen_ sich durch Sprache.	☐	I I I
20	Der _Eleglizer_ repariert die Stromleitung.	☐	I I I I
21	Wir hören gern _ Schlamente_ Geschichten.	☐	I I I I
22	Meistens hat _der Erevolgreiche_ viele Neider.	☐	I
23	Oft sind wir abends _zumlich_ müde.	☐	I
24	Bei starker _Kelte_ frieren wir.	☐	I
25	Er hat die Prüfung _Glenverrt_ bestanden.	☐	I I I
26	Wir sind _hofentlich_ bald fertig.	☐	I
27	Jede größere Stadt hat einen _Jugntflage_ .	☐	I I
28	Vor Sonnenaufgang ist die _Morgendemerun_ .	☐	I I I
29	Statt ›unvorsichtig‹ kann man auch _Warlluich_ sagen.	☐	I I I I I I
30	Thomas kann man leicht _e zum lachen_ bringen.	☐	I
31	Auf _z unbegfemen_ Stühlen kann man schlecht sitzen.	☐	I
32	Auf dem See fahren Leute in _Ratebtelbotten_ .	☐	I I I I I I
33	Im Park kann man _X Spaziveongen_ .	☐	I I I I
34	Sein Gesicht _Werrente_ sich vor Schmerz.	☐	I I

RW₂ ☐ 0   45

Abb. 1:
Rechtschreibtest eines
legasthenen Jungen aus
dem 5. Schuljahr

Fehlern. Zusätzlich ist oft die Handschrift unleserlich. Am Beispiel des Rechtschreibtests von Peter (Abb. 1 auf S. 10), der die 5. Klasse besucht, durchschnittlich intelligent ist und von seinen Eltern regelmäßig unterstützt wird, kann man sehen, wie schwer es Peter fällt, einzelne Wörter richtig zu schreiben. Bei diesem Test sollte Peter in die Lücken im Satz die ihm diktierten Worte schreiben. Man kann gut sehen, wie Peter sich bemüht, zumindest lautgetreu die Wörter wiederzugeben. Jedoch gelang es Peter nicht, auch nur eins der 45 diktierten Wörter richtig zu schreiben.

Beim Lesen fällt es den legasthenen Kindern schwer, die einzelnen Laute zu verbinden. Zum Beispiel wird beim Wort »Mond« nur der Anfang »M...o« lautiert, das Zusammenfügen mit den nachfolgenden Lauten misslingt jedoch. Insgesamt ist die Lesegeschwindigkeit erheblich herabgesetzt. Einzelne Wörter werden mit großer Mühe nacheinander gelesen, und dadurch wird häufig der Sinn des Satzes nicht verstanden. Manchen legasthenen Kinder gelingt es, Sätze auswendig zu lernen. So kann der Eindruck entstehen, dass sie recht gut lesen können. Bei unbekannten Wörtern und Sätzen wird dann aber deutlich, dass große Probleme vorliegen.

> **Erste Zeichen der Lesestörung: Laute können nicht miteinander verbunden werden.**

Bei manchen Kindern fallen die Rechtschreibprobleme erst dann auf, wenn in der Schule statt geübter Diktate unbekannte Texte (»ungeübte Diktate«) geschrieben werden. Diese Kinder verfügen über gute Gedächtnisfähigkeiten, sodass es ihnen gelingt, einzelne, häufig geübte Wörter im Gedächtnis zu speichern. Allerdings ist ihre Strategie nicht auf Dauer erfolgreich, denn sie können nicht eine ausreichende Anzahl von Wörtern als Wortbild speichern, um eine durchschnittliche Rechtschreibleistung zu entwickeln.

> **Spätestens wenn ungeübte Diktate geschrieben werden, sind die Rechtschreibprobleme sichtbar.**

In der dritten und vierten Klasse kommt es oft zusätzlich zu Schwierigkeiten in anderen Fächern. Da in fast allen Fächern das Lesen Grundlage für den Wissenserwerb darstellt, sind legasthene Kinder häufig in allen Schulfächern benachteiligt. Dies führt manchmal dazu, dass legasthene Kinder als dumm bezeichnet werden, da das allgemeine Leistungsversagen auf mangelnde Intelligenz zurückgeführt wird. Dass der Hintergrund für die Schulschwierigkeiten eine Legasthenie ist, wird oft nicht erkannt und kann erst durch eine eingehende Diagnostik festgestellt werden.

> **Legastheniker haben auch in anderen Schulfächern große Probleme.**

Stundenlanges Üben und Unterstützung bei den Hausaufgaben sind häufig bei legasthenen Kindern.

Fallbeispiel: Scheitern trotz vielen Übens

Max ist in der Rechtschreibung sehr schlecht. Seine Lehrerin schreibt unter seine Hausaufgaben, dass er mehr üben und sich mehr Mühe geben soll, die Wörter richtig zu schreiben. Beim Elternabend wird Max' Mutter von der Klassenlehrerin direkt angesprochen. Max mache, so berichtet die Lehrerin, in der Rechtschreibung kaum Fortschritte. Außerdem seien Max' Hausaufgaben häufig sehr fehlerhaft. Sie bittet Max' Mutter, die Hausaufgaben besser zu kontrollieren und mit Max täglich zehn Wörter zu schreiben.

Max' Mutter ist durch die Lehrerin eingeschüchtert und traut sich nicht zu sagen, dass sie bereits mit Max ständig übt und es mittlerweile aufgegeben hat, alle Fehler aus den Hausaufgaben zu korrigieren. Sie berichtet auch nicht darüber, dass sie sich mit Max ständig um die Hausaufgaben streitet und es ihr kaum noch gelingt, Max dazu zu bringen, überhaupt die Hausaufgaben anzufertigen.

Die Schwierigkeiten beim Lesen und Rechtschreiben fallen, wie das Fallbeispiel zeigt, auch bei den Hausaufgaben auf. Die Kinder benötigen viel Zeit für die Hausaufgaben, sie sind wenig motiviert zu schreiben, lassen sich leicht ablenken oder »vergessen« die Hausaufgaben. Dies führt häufig dazu, dass Eltern versuchen, durch gemeinsames und nicht selten andauerndes Üben die Rechtschreibleistung zu verbessern.

Obwohl seitens des Kindes und der Eltern viel Zeit und Mühe für das Üben aufgewandt wird, sind die Fortschritte im Lesen und Rechtschreiben sehr gering. Teilweise verschlechtern sich die Leistungen auch trotz des Übens.

Auch wenn es dem Kind manchmal direkt nach intensivem Üben gelingt, die Lernwörter überwiegend richtig zu schreiben, schreibt es am nächsten Tag in der Schule die meisten geübten Wörter wieder falsch. Die angespannte Hausaufgabensituation und das Versagen des Kindes im Diktat führen oft zu Spannungen zwischen Eltern und Kind. Eltern werfen sich gegenseitig Versagen vor, das Kind erlebt einen kontinuierlichen schulischen Misserfolg, sodass ein erheblicher Eltern-Kind-Konflikt nicht selten die Folge ist.

Alle Beteiligten wissen oft nicht, warum gerade ihr Kind solche schulischen Schwierigkeiten entwickelt.

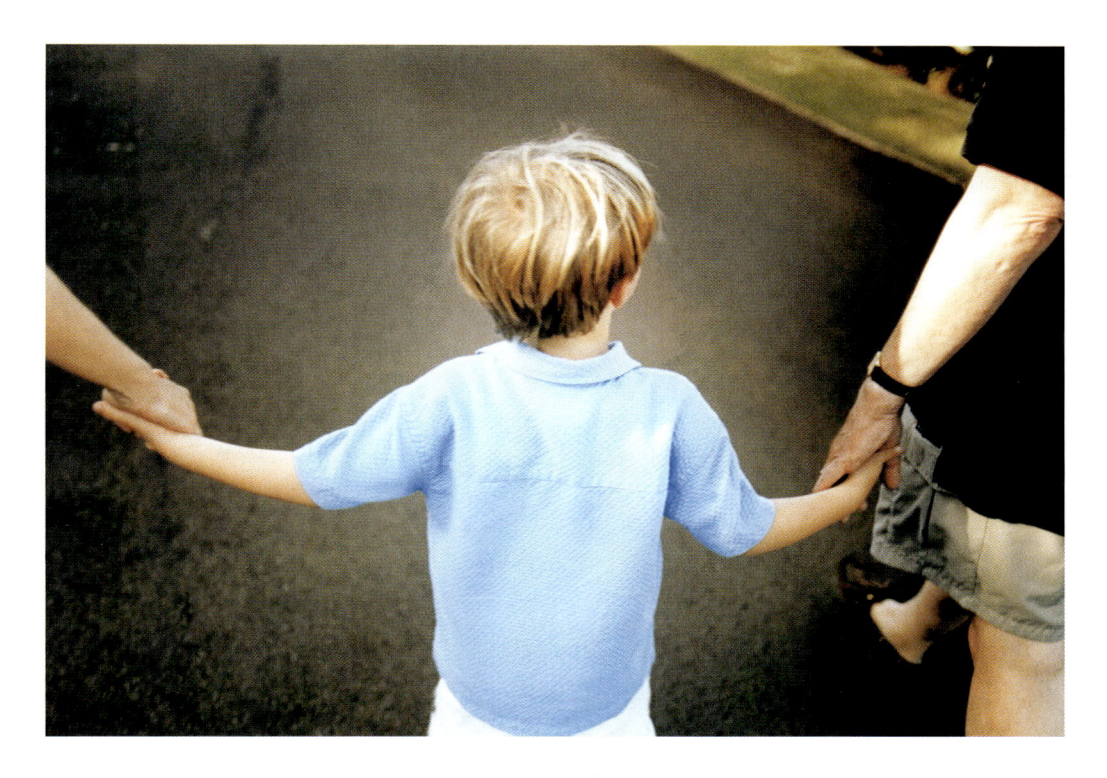

Fallbeispiel: Auch Eltern geraten unter Druck

Max' Vater bemerkt, dass sich das Verhältnis zwischen seiner Frau und Max in letzter Zeit deutlich verändert hat. Seine im Nachbarhaus lebenden Eltern haben schon vor längerer Zeit gesagt, dass seine Frau den Max verziehe und nicht streng genug sei. Wenn seine Frau nur richtig durchgreifen und das viele Fernsehen verbieten würde, dann würde der Max auch richtig schreiben lernen. Max' Vater ist verunsichert und spricht seine Frau auf die Probleme mit Max an. Sie berichtet, dass sie mittlerweile am Ende sei, da sie Druck von allen Seiten verspüre, von der Schule, von den Großeltern, von Max – und sie merke auch, dass sie nicht ausreichend von ihrem Mann unterstützt wird. Er unternehme mit Max fast nur die angenehmen Dinge, während sie sich um die schwierigen, weniger angenehmen Arbeiten kümmern dürfe. Beide Eltern sind angespannt und erheben gegenseitige Vorwürfe.

Die Legasthenie belastet oft die gesamte Familie (s. Fallbeispiel auf S. 13), und viele Konflikte werden dann deutlich, wenn konkrete Leistungsanforderungen im Lesen und Schreiben an das Kind gestellt werden.

Auch im Unterricht erleben die legasthenen Kinder häufig wenig Unterstützung.

Lehrer stellen die Legasthenie zu selten fest und ziehen oft falsche Folgerung aus dem Schülerverhalten. Sie suchen z. B. Ursachen für die schlechte Lese- und Rechtschreibleistung im familiären Umfeld. Als Erklärung sehen sie an, dass eine allein erziehende Mutter nicht genug Zeit für ihr Kind habe, um es angemessen zu unterstützen.

> **In der Schule geraten Legastheniker oft unter Druck durch quälende Vorleseübungen und Schreiben an der Tafel.**

Fallbeispiel: Der Stress beginnt in der Schule

Max geht nur noch ungern in die Schule. Besonders vor dem Deutschunterricht hat er Angst. Sein Deutschlehrer hat ihm gestern bereits gedroht, er werde sich etwas Besonderes einfallen lassen, wenn Max morgen die Geschichte aus der Fibel nicht laut vorlesen könne. Dies hat der Lehrer bereits in der Vergangenheit getan. Da musste Max mit ihm in die erste Klasse gehen und an der Tafel den Erstklässlern zeigen, wie schlecht er rechtschreiben kann. Max hat zu Hause viel geübt, um den Fibeltext lesen zu können. Trotzdem weiß er, dass er wieder in der Klasse beim Vorlesen Schwierigkeiten haben wird. Als genau das eintritt, fordert ihn sein Lehrer auf, er solle doch den Text singen, wenn er ihn schon nicht lesen könne. Max ist ganz verzweifelt. Er springt auf und rennt nach Hause.

Nicht selten wird der Druck in der Klasse dadurch erhöht, dass legasthene Kinder durch quälende Vorleseübungen und Rechtschreibübungen an der Tafel bloßgestellt werden. In Folge der schulischen Misserfolge und der familiär belastenden Situation können psychische Probleme beim Kind entstehen: Ängste, Traurigkeit, Herumkaspern und z. T. sogar aggressives Verhalten.

Diese emotionalen Probleme und Verhaltensschwierigkeiten sind gerade bei legasthenen Kindern der dritten und vierten Klasse häufig erst der Auslöser für die Einleitung einer eingehenden Untersuchung.

In dem Textkasten auf S. 15 sind die wesentlichen Merkmale der Legasthenie zusammengefasst.

Legasthenie-Merkmale in der Schule

Beim Lesen
- Buchstaben des Alphabets werden nur langsam gelernt
- Zuordnung von Buchstaben zu Lauten gelingt sehr schlecht
- Buchstaben werden ausgelassen, hinzugefügt oder ersetzt
- Silbengliederung gelingt nur teilweise
- Einzelne Laute des Wortes können nur schlecht unterschieden werden
- Zusammenziehen von Einzellauten zu einem Wort bereitet große Schwierigkeiten
- Langsames Lesetempo
- Größere Leseprobleme bei längeren Wörtern
- Langes Zögern beim Lesen
- Verlieren der Zeile im Text
- Wortendungen werden nicht gelesen
- Ganze Wörter werden ausgelassen oder ersetzt
- Schwierigkeiten, aus dem Gelesenen Zusammenhänge zu erkennen und Schlussfolgerungen zu ziehen

Beim Schreiben
- Geringe Buchstabenkenntnis
- Schwierigkeiten beim Schreiben von Buchstaben, Wörtern und Sätzen
- Geringe Motivation zum Schreiben von Wörtern
- Hohe Fehlerzahl bei ungeübten Diktaten
- Fehler beim mündlichen Buchstabieren
- Hohe Fehlerzahl beim Abschreiben von Texten
- Grammatik- und Interpunktionsfehler
- Unleserliche Handschrift

Im Verhalten
- Neu aufgetretenes, unruhiges Verhalten, Aufspringen und Herumkaspern in der Klasse
- Unvollständige oder fehlende Hausaufgaben
- Zurückgezogenheit, Traurigkeit
- Provozierendes Verhalten
- Geringe oder wechselnde Aufmerksamkeit, leichte Ablenkbarkeit

Legasthenie-Merkmale zu Hause

- Kopfschmerzen, Bauchschmerzen morgens vor der Schule (vor allem an Tagen vor Diktaten – nicht in den Schulferien!)
- Nächtliches Einnässen, wenn zuvor bereits seit mehreren Jahren trocken
- Verstimmung, Traurigkeit, wenig Selbstvertrauen
- Lang andauernde Hausaufgaben bis zu 3–4 Stunden
- Streit bei Hausaufgaben
- Häufig fehlende Hausaufgaben
- Angespannte Elternsituation mit gegenseitigen Vorwürfen

Wie häufig ist eine Legasthenie?

Die Legasthenie ist eine sehr häufige Störung. Die Häufigkeitszahlen liegen zwischen 3 % und 5 % der Kinder und Jugendlichen. Für das Grundschulalter bedeutet dies, dass in Deutschland annähernd 200.000 Grundschulkinder nicht ausreichend lesen und/oder rechtschreiben können. Insgesamt wird davon ausgegangen, dass ca. drei Millionen Deutsche von einer Legasthenie betroffen sind.

Häufig wird sogar von bis zu 20 % lese- und rechtschreibschwachen Kindern und Jugendlichen berichtet. Diese Zahlen sind aber zu hoch angesetzt. Das kann auch daran liegen, dass die Häufigkeitszahlen von der Methode abhängen, wie eine Legasthenie definiert und diagnostiziert wird.

> **Die Legasthenie ist keineswegs selten. Allein im deutschsprachigen Raum sind Millionen davon betroffen.**

Warum sind Jungen häufiger betroffen?

Jungen sind tendenziell häufiger als Mädchen Legastheniker.

In älterer Literatur können Sie noch lesen, dass Jungen drei- bis viermal häufiger als Mädchen betroffen seien. Dieses Ergebnis konnte allerdings in neueren Untersuchungen nicht bestätigt werden. Aktuell geht man von doppelt so vielen betroffenen Jungen wie Mädchen aus.

Die Gründe für diese Unterschiede sind noch nicht vollständig verstanden. Folgende Annahmen werden diskutiert.

Fünf Erklärungsversuche

Erstens: Jungen werden häufiger auf das Vorliegen einer Legasthenie untersucht, da Jungen mit einer Legasthenie eher auch eine Aufmerksamkeitsstörung (ADS, ADHS) haben und deshalb den Unterricht stören. Eine diagnostische Abklärung des gestörten Verhaltens wird empfohlen.

Zweitens: Allgemein sind auch heute noch die Erwartungen an die Schulleistungen von Jungen höher. Die meisten Eltern würden eher bei Jungen mit Schulschwierigkeiten dazu neigen, die Ursache dieser Schulschwierigkeiten zu beheben, und daher ihr Kind untersuchen lassen. Der IQ ist allerdings unabhängig vom Geschlecht, von daher ergibt sich auch bei Hochbegabten keine andere Häufigkeit von Mädchen und Jungen.

> **Etwa zwei Drittel der Legastheniker sind Jungen.**

Drittens: Auch eine biologische Erklärung wird diskutiert. In den Achtziger-Jahren räumte man der so genannten Testosteron-Hypothese eine große Bedeutung ein und meinte, dass das Testosteron, ein männliches Sexualhormon, sich während der intrauterinen Entwicklung, also im Verlauf der Schwangerschaft, negativ auf die sprachrelevanten Hirnregionen des männlichen Fötus auswirke.

Viertens: Genetische Erklärungsmodelle gehen davon aus, dass die genetische Belastung bei Jungen größer als bei Mädchen ist. Die genetischen Mechanismen, die diesen Effekt erklären könnten, sind bisher noch nicht verstanden.

Fünftens: Ein wesentlicher Faktor für die größere Häufigkeit der Legasthenie bei Jungen scheint in der allgemein größeren Sprachkompetenz des weiblichen Geschlechts zu liegen. Der Vergleich der Lese- und Rechtschreibleistung über die gesamte Grundschulzeit zeigt, dass Mädchen im Durchschnitt deutlich besser abschneiden als Jungen. Die Überlegenheit in den Sprech- und Sprachfähigkeiten des weiblichen Geschlechts könnte sich bereits in der frühen Sprachwahrnehmung zeigen. In diesem Sinne ließe sich die weibliche Sprachkompetenz als schützender Faktor ansehen, der die Entwicklung einer Legasthenie verhindert oder legasthenen Mädchen Möglichkeiten bietet, ihre Schwäche zu kompensieren.

Die Begriffe Lese-Rechtschreibstörung und Legasthenie

Mit dem Begriff Lese-Rechtschreibstörung oder Legasthenie wird eine Störung bezeichnet, die durch deutlich ausgeprägte Schwierigkeiten beim Erlernen des Lesens und/oder des Rechtschreibens gekennzeichnet ist. Inhaltlich bedeuten beide Ausdrücke dasselbe; praktisch ist heute im allgemeinen Sprachgebrauch seltener von Legasthenie, häufiger von Lese-Rechtschreibstörung die Rede.

Und so ist die Störung definiert:

Trotz regelmäßigen Schulbesuchs, mindestens durchschnittlicher kognitiven Fähigkeiten (Intelligenz) und mündlicher Beherrschung der deutschen Sprache sind die Kinder nicht in der Lage, ausreichend lesen und rechtschreiben zu lernen.

Im Einzelfall lässt sich eine Lesestörung von einer Rechtschreibstörung unterscheiden, da es Kinder gibt, die allein im Lesen beeinträchtigt sind, und andere, die nur Probleme bei der Rechtschreibung aufweisen. Gewöhnlich sind aber beide Bereiche, das Lesen und Rechtschreiben, betroffen. Daher wird auch überwiegend von der Lese-Rechtschreibstörung oder Legasthenie gesprochen.

Der Begriff Legasthenie steht für die Schwäche (griechisch: asthenia) im Lesen (lateinisch: legere). Dieser Begriff geht auf Ranschburg (1928) zurück, der als Arzt dieses Störungsbild bei Kindern beschrieben hat und damals eine Störung von Hirnfunktionen als Ursache annahm. Vermutlich wurde die Legasthenie (im Englischen *dyslexia* genannt) erstmals von englischen Augenärzten an Familien beobachtet, in denen Kinder und Eltern, z. T. auch Großeltern, trotz ausreichender Sehfunktionen und regelmäßigen Unterrichts nicht oder nur sehr schlecht lesen und schreiben konnten. Da die Legasthenie familiär gehäuft auftrat, hielten sie eine genetische Veranlagung für wahrscheinlich.

Legasthenie, die Schwäche im Lesen, wurde vermutlich erstmals von englischen Augenärzten beschrieben.

Die Weltgesundheitsorganisation (WHO) zählt die Lese-Rechtschreibstörung zu den psychischen Erkrankungen. Die WHO spricht nicht von Legasthenie, sondern verwendet in der deutschsprachigen Ausgabe den Begriff Lese-Rechtschreibstörung.

Das Klassifikationsschema der WHO (Internationales Klassifikationsschema psychischer Störungen, ICD-10) beschreibt das Störungsbild hinsichtlich der Symptome und der Diagnostik. Das ICD-10 unterscheidet zwischen einer »Lese- und Rechtschreibstörung« und einer »Isolierten Rechtschreibstörung«. Zur Diagnostik werden Kriterien genannt, anhand deren die Störung festgestellt werden kann. Hierzu gehören auch so genannte Einschluss- und Ausschlusskriterien. Als zentrales Einschlusskriterium wird gefordert, dass die Lese- und/oder Rechtschreibleistung unter dem Niveau liegen muss, das ein Kind aufgrund seines Alters, der allgemeinen Intelligenz und der Beschulung erwarten lässt. Dies bedeutet, dass die Rechtschreibleistung in Beziehung zur Intelligenz, zur Klassenstufe oder zum Alter gesetzt wird. Eine Lese- und Rechtschreibstörung liegt vor, wenn die Lese- und Rechtschreibleistung geringer ist als die Lese- und Rechtschreibfähigkeit, die aufgrund der Intelligenz des Kindes zu erwarten wäre.

Die Weltgesundheitsorganisation (WHO) zählt die Lese-Rechtschreibstörung (Legasthenie) zu den Krankheiten.

Fallbeispiel: Diagnose Legasthenie?

Lukas ist ein Grundschüler der dritten Klasse. Er wurde mit standardisierten Intelligenz-, Lese- und Rechtschreibtests untersucht. Anhand der Tests sollte festgestellt werden, wie groß das Ausmaß seiner Lese-Rechtschreibstörung ist. Seine Intelligenz lag bei 115. Anhand dieses IQ kann nach bestimmten Formeln (s. S. 31–33) die mindestens zu erwartende Rechtschreibleistung errechnet werden. Liegt die Rechtschreibleistung von Lukas unter diesem Wert (in diesem Beispiel unter Prozentrang 13), dann liegt eine deutlich ausgeprägte Rechtschreibstörung vor. Allerdings ist dieses Kriterium nicht das einzige, das erfüllt sein sollte, um von Rechtschreibstörung zu sprechen.

Anhand der Ausschlusskriterien wird überprüft, ob andere Faktoren dazu geführt haben, dass ein Kind Probleme im Lesen und Rechtschreiben entwickelt hat.

Wenn Lukas in den ersten Grundschuljahren für längere Zeit (z. B. mehr als ein halbes Jahr) die Schule nicht besuchen konnte und seine Lese- und Rechtschreibleistung sich aufgrund dieser Fehlzeit deutlich verschlechtert hat, dann liegt keine Lese-Rechtschreibstörung vor, sondern eine vorübergehende Lese-Rechtschreibschwäche.

Wenn aufgrund erheblicher psychischer Probleme Lukas' allgemeine Lernfähigkeit beeinträchtigt ist und dies auch zu einer deutlichen Verschlechterung der Lese- und Rechtschreibfähigkeit führt, liegt ebenfalls keine Lese-Rechtschreibstörung vor. In diesem Fall würde Lukas aber Leistungsprobleme in mehreren Fächern und nicht allein im Fach Deutsch – und hier insbesondere im Lesen und Rechtschreiben – entwickeln.

Auch Störungen des Nah- und Fernsehens, die sehr häufig sind und durch eine entsprechende Korrektur mit einer Brille ausgeglichen werden, können zu Lukas' Leseschwierigkeiten führen. Aber auch diese Leseschwierigkeiten werden nicht als Legasthenie bezeichnet.

Ein sehr seltener Fall wäre Lukas, wenn er früher problemlos den Anforderungen des Unterrichts genügt und erst danach – z. B. aufgrund einer Hirnverletzung bei einem Unfall – seine bereits erworbene Lese- und Rechtschreibfähigkeit verloren hätte. In diesem Fall spräche man von *Alexie*, wenn nur das Lesen, und von *Dysgraphie*, wenn nur die Schreibmotorik betroffen wäre.

Die Ausschlusskriterien

- Kein ausreichender Schulbesuch
- Nicht ausreichende kognitive Fähigkeiten
- Psychische Erkrankungen, welche die Lernfähigkeit so beeinflussen, dass auch der Erwerb von Lese- und Rechtschreibfähigkeit beeinträchtigt ist
- Neurologische Erkrankungen wie z. B. eine Hirnverletzung, die zu einem Verlust bereits erworbener Lese- oder Schreibfähigkeit führt
- Okuläre Lesestörung

Neben den Begriffen »Legasthenie« und »Lese-Rechtschreibstörung« werden noch eine Reihe von weiteren Begriffen, wie z.B. »Lese- und Rechtschreibschwäche« oder »besondere Schwierigkeiten beim Erlernen des Lesens und Rechtschreibens« verwendet. Diese Begriffe sind jedoch nicht eindeutig definiert, häufig werden sie gleichbedeutend für die Begriffe Legasthenie oder Lese-Rechtschreibstörung benutzt. Hier wird deutlich, dass mit der Verwendung eines Begriffs wie z. B. *Lese-Rechtschreibschwierigkeiten* oder *Lese-Rechtschreibschwäche* nicht klar beschrieben ist, welches Konzept der Störung damit verbunden ist.

Der lange Weg zur Diagnose: Ist es wirklich Legasthenie?

Bevor mit der Förderung begonnen wird, sollten Sie durch Psychologen oder Kinder- und Jugendpsychiater eine umfassende Diagnostik durchführen lassen. Eine Ausnahme kann dann vorliegen, wenn die Lese- und Rechtschreibschwierigkeit durch die Schule festgestellt wird.

Fallbeispiel Diagnostik:
Wann soll ich mich um eine Diagnose bemühen?
In der Mitte der zweiten Klasse werden Lisas Rechtschreibschwierigkeiten so groß, dass Lisas Mutter denkt, sie könne nicht mehr auf eine Veränderung hoffen. Die Lehrerin hat ihr zwar gesagt, sie solle nur noch etwas warten, Lisa sei gut begabt und in nächster Zeit werde sprichwörtlich der Knoten platzen, Lisas Mutter ist aber skeptisch. Trotz allen Übens wird die Rechtschreibung bei Lisa eher schlechter: Außerdem bemerkt sie, dass Lisa nicht mehr so freudig zur Schule geht. Lisas Mutter spricht mit ihrer Freundin, deren Kind auch Schulprobleme hat. Ihr Sohn ist allerdings sehr aktiv und unruhig. Sie ging zum einen Kinder- und Jugendpsychiater, der eine eingehende Diagnostik durchführte. Die Freundin weiß, dass der Kinder- und Jugendpsychiater auch Legasthenie-Diagnostik durchführt, und rät Lisas Mutter, sich dort einen Termin geben zu lassen.

Es ist nicht leicht und auf keinen Fall schnell festzustellen, ob bei Ihrem Kind eine Legasthenie vorliegt. Sie müssen Geduld und Hartnäckigkeit aufbringen und auf einer eingehenden Diagnostik bestehen. Fachleute, die ständig mit legasthenen Kindern arbeiten, können nach Bewertung aller relevanten Informationen über Ihr Kind und sein Umfeld herausarbeiten, ob eine Störung bei dem Kind vorliegt und welche Störung es ggf. ist. Nicht immer führt die Diagnostik zu dem Ergebnis, dass bei einem Kind eine Legasthenie vorliegt!

Erst danach kann entsprechend dieser Diagnose ein Förder- und Behandlungsplan entworfen werden. Es mag auch sein, dass die Diagnostik Sie mit dem Ergebnis konfrontiert, bei Ihrem Kind liege keine Legasthenie, jedoch eine Lernbehinderung vor. Dann wäre natürlich ein anderes Förderkonzept notwendig. Oder, was nicht selten vorkommt: Bei Ihrem Kind besteht außer einer Legasthenie zusätzlich ein Aufmerksamkeitsdefizit (ADS, ADHS). Diese Störung sollten Sie durch einen Facharzt für Kinder- und Jugendpsychiatrie und -psychotherapie diagnostizieren lassen. Gerade bei Kindern mit einer Aufmerksamkeitsstörung werden häufig Fehldiagnosen gestellt. Auch in diesem Fall wäre das Förderkonzept selbstverständlich anders als bei einem ausschließlich legasthenen Kind.

> **Vor der Förderung steht bei der Legasthenie eine hieb- und stichfeste Diagnose.**

Für das legasthene Kind ist die medizinische Diagnostik von großer Bedeutung. Sobald eine weitere Störung hinzukommt – z. B. die relativ häu-

Wenn außer der Legasthenie auch psychische Probleme vorliegen, ist eine kinder- und jugendpsychiatrische Diagnostik unbedingt notwendig.

fig »angekoppelte« Aufmerksamkeitsstörung –, muss diese Störung zunächst behandelt werden, ehe man sich der Legasthenie zuwendet. Denn wenn das legasthene Kind nicht in der Lage ist, sich im Unterricht zu konzentrieren und aufmerksam in den Förderstunden mitzumachen, kann der Effekt der Förderung im Lesen und Rechtschreiben nur gering sein.

Eine angemessene Diagnostik kann Ihrem Kind von keiner einzelnen Fachkraft gestellt werden. Sie werden zu einem Kinder- und Jugendpsychiater und Psychologen gehen, bei Hör- oder Sehstörungen auch zu einem Augenarzt und einem Spezialisten für das kindliche Gehör (Pädaudiologe). Die interdisziplinäre Zusammenarbeit sichert die Diagnose von allen Seiten ab.

Fallbeispiel Diagnostik: Wohin wende ich mich?

Lisas Mutter hatte von ihrer Freundin den Rat bekommen, bei einem im Ort praktizierenden Kinder- und Jugendpsychiater um einen Termin anzufragen. Lisas Mutter hatte aber auch gehört, dass in der Erziehungsberatungsstelle der Stadt Legasthenie-Diagnostik angeboten wird. Als Lisas Mutter einem Termin ausmachen will, ist sie entsetzt. Überall, wo sie nachfragt, bestehen bis zu einem halben Jahr Wartezeiten. Schließlich bekommt sie einen Termin in einer psychologischen Beratungsstelle.

Zum Ersttermin wird Lisas Mutter gebeten, zusammen mit ihrer Tochter morgens früh zu kommen. In der Beratungsstelle werden sie von einer Psychologin begrüßt, die sie während des ganzen Vormittags begleitet. Sie führt zunächst ein Gespräch mit Lisa und ihrer Mutter und erklärt den Untersuchungsablauf. Die Untersuchung wird mit Pausen mehrere Stunden dauern. Nach dem Gespräch folgt die Einzeluntersuchung.

Psychologische Diagnostik

Wesentlicher Aufgabenbereich der psychologischen Diagnostik ist die Durchführung von psychometrischen Testverfahren.

Psychologische Diagnostik wird häufig im Rahmen der kinder- und jugendpsychiatrischen Diagnostik in der Facharztpraxis angeboten, ebenso von Schulpsychologen oder auch von Psychologen, die in psychologischen Beratungsstellen oder Erziehungsberatungsstellen tätig sind. Ihr Kind wird dort mehrere Tests durchlaufen. Hierzu gehören die standardisierten Lese- und Rechtschreibtests und Intelligenztests sowie Verfahren, die die emotionale Befindlichkeit und das Verhalten des Kindes messen.

Fallbeispiel Diagnostik: Was muss ich tun bei der Testuntersuchung?

Lisa hat schon vor dem Termin bei der Psychologin schlecht geschlafen. Sie fragt sich, was alles auf sie zukommt. Lisa ist etwas beruhigt, nachdem die Psychologin ihr erklärt hat, welche Tests sie mir ihr durchführen wird: einen Lese- und einen Rechtschreibtest und einen Intelligenztest.

Die Psychologin erklärt Lisa, dass sie beim Rechtschreibtest einzelne Wörter, so gut wie sie kann, in ein Heft schreiben soll. In dem Heft würden Sätze stehen, in denen Lücken gelassen wurden, um das fehlende Wort dort einzutragen. Dazu benötige Lisa einen Bleistift und einen Radiergummi. Nach ungefähr 20 Minuten hat Lisa alle Wörter eingetragen. Nun darf sie noch einmal alles kontrollieren, was sie geschrieben hat. Besonders soll sie beim Durchsehen auf die Groß- und Kleinschreibung und die Umlautzeichen achten.

Als Nächstes soll Lisa den Lesetest durchführen. Dazu gibt ihr die Psychologin ein Heft, holt ihre Stoppuhr und legt den Protokollbogen vor sich. Lisa hat die Aufgabe, zunächst einfache, kurze Wörter laut vorzulesen. Dabei kommt es darauf an, die Wörter möglichst richtig und schnell vorzulesen. Das wird zunächst an einzelnen Beispielen geübt. Dann fragt die Psychologin Lisa, ob sie alles verstanden habe, und schon geht es los. Jetzt soll Lisa zusammengesetzte Wörter laut vorlesen, anschließend einen kurzen Text.

Jetzt kommen, so erklärt die Psychologin, Aufgaben mit Wörtern in einer Indianersprache. Diese Wörter hat Lisa zuvor nicht gesehen. Und wieder soll sie diese

Wörter möglichst schnell und richtig laut vorlesen. Nach ungefähr 15 Minuten hat es Lisa geschafft, die Psychologin lobt Lisa für ihre Ausdauer.

Jetzt hat Lisa eine Pause. Die Psychologin fragt sie, ob sie mit ihr ein Spiel spielen will. Nach dieser Erholungspause soll Lisa noch einen Intelligenztest durchführen. Die Psychologin legt Lisa ein Aufgabenheft vor. Nachdem die erste Aufgabe erklärt wurde, übt Lisa an einzelnen Beispielen, ob sie die Aufgabe richtig verstanden hat. Nun geht es los. In nur wenigen Minuten soll Lisa die erste Aufgabe bearbeiten. Dazu hat sie einen Bleistift in der Hand, um die richtigen Lösungen auf einem Antwortblatt anzustreichen. Zunächst findet Lisa die Aufgaben sehr leicht. Aber schon bald merkt sie, dass innerhalb eines Teiltests die Aufgaben immer schwieriger werden.

Nachdem Lisa alle vier Teile des Intelligenztests hinter sich hat, ist die Untersuchung für heute zu Ende. Die Psychologin erklärt ihr, dass sie ein wenig Zeit brauche, um die Tests auszuwerten. Außerdem sei auch für eine weitere Untersuchung ein zweiter Termin notwendig. An diesem Tag müsse Lisa aber nicht mehr schreiben, worüber das Kind sehr froh ist.

Standardisierung bedeutet, dass Lisas Test nach bestimmten Kriterien entwickelt und überprüft wurde. Besonders wichtig ist dafür die Feststellung dessen, was als »normal« anzusehen ist, d.h. eine Normierung des Tests an einer ausreichend großen Schülerstichprobe, die in verschiedenen Regionen in Deutschland untersucht wurde. Die Normierung eines Tests stellt dem Psychologen Vergleichsdaten von Kindern der gleichen Klassenstufe zur Verfügung, damit die Ergebnisse Ihres Kindes mit einer repräsentativen Stichprobe verglichen werden können.

Im Einzelfall bedeutet dieses Vorgehen, dass die Rechtschreibleistung von Max, der 20 Fehler im Rechtschreibtest gemacht hat, im Vergleich zum Bundesdurchschnitt eine durchschnittliche Leistung ist. Möglicherweise sind seine Leistungen – bezogen auf seine Klasse – aber überdurchschnittlich, da das Rechtschreibniveau in seiner Klasse insgesamt recht niedrig ist. Warum das Rechtschreibniveau in seiner Klasse im Vergleich zum Bundesdurchschnitt so gering ist, ist damit natürlich nicht beantwortet. Für die Einordnung von Max' aktueller Rechtschreibleistung ist es aber wichtig zu wissen, wie seine Leistungen nicht allein in Bezug auf seine Klasse sind. Nehmen wir an, Max würde die Schule wechseln und in eine Klasse kommen, in der das Rechtschreibniveau deutlich höher ist als in seiner alten Klasse. Dann wären Max' Leistungen im Rechtschreibtest im Vergleich zum Bundesdurchschnitt unverändert, aber im Vergleich zu seiner neuen, jetzt besuchten Klasse deutlich unterdurchschnittlich.

Dieses Beispiel verdeutlicht, warum die Bewertung der Testleistung im Lesen und Rechtschreiben auch immer in Bezug zur Leistung im Bundesdurchschnitt durchgeführt wird.

Die Normierung der Tests sollte nicht älter als zehn Jahre sein, da sie sonst nicht mehr gültig sind und nicht mehr angewandt werden sollten. Dies trifft auch für den Intelligenztest zu.

Der ideale Zeitpunkt für den Test

Die Diagnostik sollte mit dem Kind möglichst einzeln und am Vormittag durchgeführt werden, wenn die Konzentration und Ausdauer am größten sind. Meistens genügt dafür ein einzelner Vormittag; bei besonders unruhigen Kinder ist es aber sinnvoll, die Diagnostik auf zwei Termine zu verteilen. Der Psychologe wird die Testergebnisse mit Ihnen und Ihrem Kind besprechen, ohne einzelne, konkrete Testaufgaben im Detail zu erklären. Das darf Sie nicht wundern: Das gemeinsame Besprechen der Falschschreibung von Wörtern eines Rechtschreibtests kann dazu führen, dass die Kinder mit dem spezifischen Material des Tests zu vertraut sind und eine Wiederholungsmessung, die häufig notwendig ist, keine gültigen Ergebnisse mehr hat.

Auf S. 29 werden Ihnen die einzelnen Tests als Übersicht dargestellt.

> **Ihr Kind hat wie jeder Mensch gute und schlechte Zeiten. Sorgen Sie dafür, dass es beim Test in guter Form ist.**

Überprüfung der Leseleistung

Der *Salzburger Lesetest* erfordert das laute Lesen von häufigen Wörtern, zusammengesetzten Wörtern, Texten und Pseudowörtern. Die Pseudowörter sind unterteilt in wortähnliche und wortunähnliche. Wortähnliche Pseudowörter wurden durch den Austausch von einzelnen Buchstaben aus bereits vorkommenden Wörter gebildet (z. B. *Natze* aus *Katze*). Alle Pseudowörter können nur durch die richtige Zuordnung der Buchstaben zu Lauten gelesen werden, nicht über das Wiedererkennen eines Wortbildes. Der Test misst Lesefehler und Lesezeit. Das Kind bekommt ein Testheft und soll möglichst schnell und fehlerlos die Wörter und Texte vorlesen. Die Normierung beruht im Wesentlichen auf der Lesegeschwindigkeit.

> **Es gibt in der Praxis unterschiedliche Verfahren zur Messung der Lesefertigkeiten.**

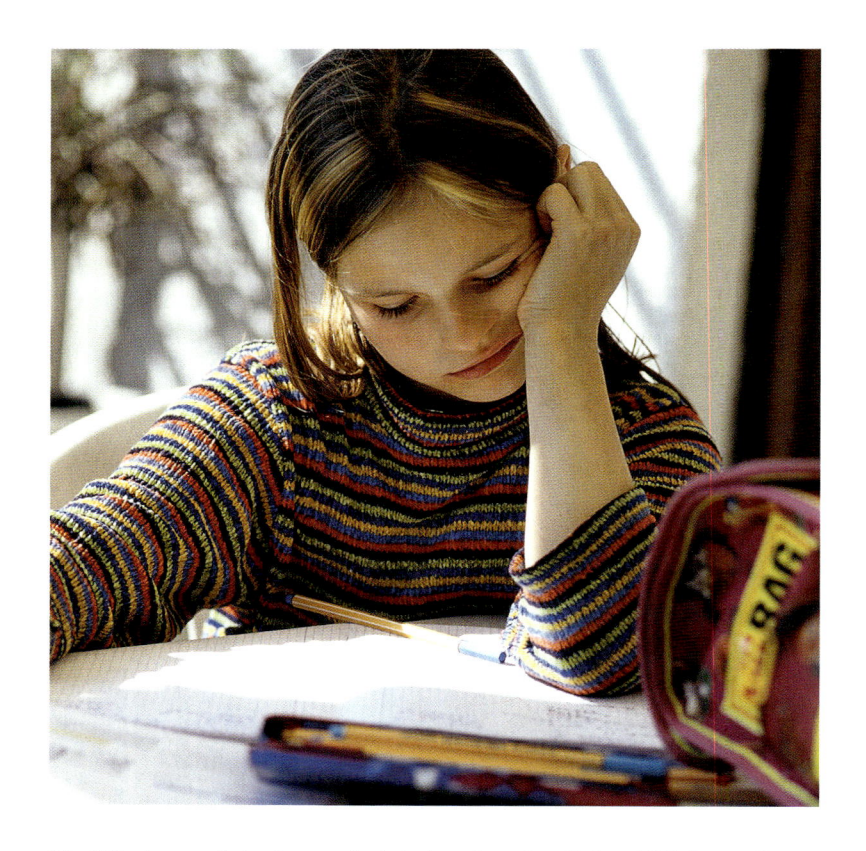

Die *Würzburger Leise Leseprobe* ist ein sehr schnell durchführbares Screeninginstrument, d.h. ein orientierendes Verfahren, um einen ersten Eindruck über die Leseleistung einer Klasse zu bekommen. Einem Wort werden in einer Zeile vier Bilder gegenübergestellt. Die Schüler bekommen die Aufgabe, so schnell wie möglich dem Wort das richtige Bild zuzuordnen. Bewertet wird die Gesamtzahl der richtigen Zuordnungen, die ein Kind innerhalb von fünf Minuten schafft.

Knuspels Leseaufgaben überprüfen im Wesentlichen das Leseverständnis. Außerdem werden im Sinne des Schriftspracherwerbmodells verschiedene Stufen, die phonologische und die orthografische Entwicklungsstufe, überprüft.

Empfehlenswert ist ferner die Überprüfung der Buchstabenkenntnisse in der ersten Klasse, da die Buchstabenkenntnis zu Beginn der ersten Klasse eine sehr gute Vorhersage über den Schriftspracherwerb ermöglicht. Hierzu liegt aber kein standardisiertes Testverfahren vor.

Die Lesetests sind zu unterschiedlichen Zeitpunkten normiert worden. Dies bedeutet, dass nur zu einem bestimmten Zeitpunkt im Schuljahr der Test sinnvoll angewendet werden kann, weil nur dann der Vergleich des getesteten Kindes mit der Vergleichsgruppe zulässig ist. Daher finden Sie in den Übersichten auf dieser Seite und auf S. 31 die verschiedenen Lese-Rechtschreibtests nach dem Zeitpunkt, zu dem die Testnormen gültig sind, getrennt dargestellt.

Empfohlene Lesetests für den Grundschulbereich	
Würzburger Leise Leseprobe (WLLP)	Jeweils die letzten zwei Monate des ersten bis vierten Schuljahres
Salzburger Lesetest (SLRT) Salzburger Lesescreening (SLS 1–4)	Mitte der zweiten bis vierten Klasse Ende der ersten bis vierten Klasse
Knuspels Leseaufgaben (Knuspel-L)	Ende der ersten bis vierten Klasse

Außerhalb des Grundschulbereichs gibt es keine standardisierten Lesetests. Der *Züricher Lesetest* (ZLT) mit dem Zusatztest *Züricher Leseverständnistest für das 4. und 6. Schuljahr* (ZLVT 4–6) ist nicht ausreichend normiert und daher nicht zu empfehlen.

Überprüfung der Rechtschreibleistung

Die Rechtschreibleistung wird anhand eines Lückendiktats überprüft. Hierzu wird Ihrem Kind ein Satz vorgelesen, in dem ein oder mehrere Wörter fehlen. In einem Testheft, das alle Sätze enthält, sind an entsprechender Stelle Lücken vorgesehen.

Nach Abschluss des Lückendiktates wird die Anzahl der Fehler (maximal ein Fehler pro Wort) gezählt. Diese Zahl wird in der Normtabelle mit der Leistung der Kinder verglichen, die zuvor zur Normierung des Testes untersucht wurden. Anhand dieses Vergleichs wird ein Prozentrang der Rechtschreibleistung ermittelt. Der Wert kann zwischen 0 und 100 % liegen. Ein Prozentrang von 15 bedeutet, dass 15 % der Kinder ebenso viele oder mehr Fehler machen oder dass 85 % weniger Fehler machen.

Die Auswertung des Diktats erfolgt nach bundesweit erhobenen Normen und ermöglicht die Einordnung der Leistung Ihres Kindes.

WRT 4/5

1   Die Hälfte von vierzig ist *zwanzich* . ☐ II
2   Die Kühe stehen im *Stahl* . ☐ II
3   Statt ›vor ein paar Tagen‹ kann man auch *ge kürtslich* sagen. ☐ II
4   Schafe haben *felliges* Fell. ☐ I
5   Im Herbst werden die Bäume *kahl* . ☒
6   Der *Kohrozont* ist die Grenzlinie zwischen Himmel und Erde. ☐
7   Die *Magnettafel* muß aus Eisenblech sein. ☒
8   Der *Zahnarzt* untersucht das Gebiß. ☐ I
9   Ich muß jetzt *schleunigs* heim. ☐ I
10 Das neue Spiel *gfällt* mir gut. ☐ II
11 Roggen und Weizen sind *Getreite* . ☐ I
12 Der *Omnibus* hält an der Haltestelle. ☐ II
13 Die *Logomutife* zieht den Zug. ☐ III
14 Der Fahrer tankt 20 *Lieter* Benzin. ☐ I
15 Kann jemand diesen Zehnmarkschein *fagseln* ? ☐ II
16 Bei schönem Wetter spielen die Kinder gern *draussen,* . ☐ I
17 Er rutscht *unruhich* hin und her. ☐ I

RW, [3] 24

Abb. 2:
Rechtschreibtest eines
Viertklässlers

Empfohlene Rechtschreibtests	
Weingartener Grundwortschatz Rechtschreib-Test für 1. und 2. Klassen (WRT 1+)	Ende des ersten oder Anfang des zweiten Schuljahrs
Weingartener Grundwortschatz Rechtschreib-Test für 2. und 3. Klassen (WRT 2+) oder Diagnostischer Rechtschreibtest für 2. Klassen (DRT 2)	Ende des zweiten bis Mitte des dritten Schuljahrs
Weingartener Grundwortschatz Rechtschreib-Test für 3. und 4. Klassen (WRT 3+) oder Diagnostischer Rechtschreibtest für 3. Klassen (DRT 3)	Ende des dritten oder Anfang des vierten Schuljahrs
Diagnostischer Rechtschreibtest für 4. Klassen (DRT 4)	Mitte des vierten Schuljahrs
Diagnostischer Rechtschreibtest	Mitte des vierten bis Anfang des fünften Schuljahrs
Diagnostischer Rechtschreibtest für 5. Klassen (DRT 5)	Mitte des fünften Schuljahrs
Hamburger Schreibprobe (HSP 5–9)	Ende des fünften Schuljahrs bis 9. Klasse
Rechtschreibungstests (R-T) von M. Kersting und K. Althoff (3., vollständig überarbeitete und neu normierte Auflage 2004) oder Rechtschreibtest – Neue Rechtschreibregelung (RST) von S. Bulheller und H. O. Häcker.	Personen zwischen 15 und 32 Jahren

Intelligenztest

Die Überprüfung der Intelligenz im Rahmen der Legastheniediagnostik wird immer wieder kontrovers diskutiert. Aber erstens kann man mit ihrer Hilfe eine Lernbehinderung von einer Legasthenie unterscheiden. Zweitens ist es für die Konzeption und Durchführung der Förderung wichtig, die kognitiven Fähigkeiten eines Kindes zu berücksichtigen. Kinder mit einer im unterdurchschnittlichen Bereich liegenden Intelligenz sind möglicherweise mit einzelnen, eher kognitiv orientierten Förderkonzepten überfordert. Deshalb sollte eine Intelligenzdiagnostik im Rahmen der Legastheniediagnostik durchgeführt werden.

Die psychologische Diagnostik umfasst standardisierte Lese- und Rechtschreibtests. Der Intelligenzquotient sollte zusätzlich immer festgestellt werden.

Es gibt zahlreiche Testverfahren zur Messung der Intelligenz, und sie unterscheiden sich z.T. erheblich. Als ein Screeninginstrument gilt der *Culture Fair Intelligenztest* (CFT). Er wird in zwei Formen eingesetzt: einer Form für die jüngeren Kinder (5,3–9,5 Jahre, *Grundintelligenztest Skala 1*, CFT 1) und einer Form für Personen ab dem 9. Lebensjahr (8,7–70 Jahre, *Grundintelligenztest Skala 2*, CFT 20). Da dieser Test Normen auch für Erwachsene hat, wird dieses Screeninginstrument auch häufig bei erwachsenen Legasthenikern eingesetzt.

Der CFT ist ein so genanntes sprachfreies Verfahren, da die zu bearbeitenden Testaufgaben keine mündliche Antwort des Kindes erfordern. Sprachfreie Tests werden zur Legastheniediagnostik bevorzugt, weil bei diesem Verfahren legasthene Kinder, die häufig im sprachlichen Bereich deutliche Schwächen aufweisen, nicht benachteiligt sind.

Wesentlich umfangreicher sind die *Kaufman Assessment Battery for Children* (K-ABC) und der *Hamburg-Wechsler-Intelligenztest für Kinder* (HAWIK-III). Beide Intelligenztests überprüfen sowohl verbale als auch handlungsorientierte Kenntnisse und Fähigkeiten. Durch das umfangreichere Testinventar dieser beiden Tests kann die Intelligenzmessung präziser erfolgen.

Das Ergebnis der Intelligenzmessung ist der Intelligenzquotient (IQ). Er wird in IQ-Punkten ausgedrückt. Der Durchschnittsbereich liegt zwischen 85 und 115 IQ-Punkten. Ein IQ-Wert über 115 wird als überdurchschnittlich bezeichnet, ein Wert unter 85 als unterdurchschnittlich. Von Hochbegabung spricht man ab einem IQ-Wert über 130, von einer Lernbehinderung bei einem IQ unter 85.

Falls für Ihr Kind die Testergebnisse in den so genannten Extrembereichen (IQ <85 und >115) liegen, wird man Ihnen wahrscheinlich weitere Intelligenztests zur Differenzierung im über- sowie im unterdurchschnittlichen Bereich empfehlen.

Empfohlene Intelligenztests

- Kaufman Assessment Battery for Children (K-ABC)
- Hamburg-Wechsler-Intelligenztest für Kinder (HAWIK-III)
- Grundintelligenztest Skala 1 (CFT 1)
- Grundintelligenztest Skala 2 (CFT 20)

Fallbeispiel Diagnostik:

Was bedeuten die Ergebnisse der psychologischen Untersuchung?

Am Ende des Vormittags bittet die Psychologin Lisas Mutter zum Besprechen der Testergebnisse in ihr Zimmer. Die Psychologin berichtet, dass Lisa bei den Tests sehr gut mitgemacht habe. Nacheinander erklärt sie die Testergebnisse. Dazu holt sie die Testunterlagen mit Lisas Antworten hervor.

Sie erklärt die Auswertung der Lese- und Rechtschreibleistung. Beim Lesetest werde die Lesezeit bewertet. Insgesamt habe Lisa 85 Sekunden benötigt, um die Wörter zu lesen. Anhand einer Tabelle habe sie diesen Wert umgerechnet und mit der Leseleistung der Kinder im Bundesdurchschnitt verglichen. Bei diesem Vergleich erreicht Lisa nur ein unterdurchschnittliches Ergebnis. Auch in der Rechtschreibleistung ist die Anzahl falsch geschriebener Wörter so hoch, dass Lisas Ergebnis insgesamt unterdurchschnittlich sei. Hingegen erreicht Lisa im Intelligenztest ein deutlich überdurchschnittliches Ergebnis, sie hat einen IQ von 125. Die Psychologin erklärt, dass der Durchschnittsbereich bei 85 bis 115 IQ-Punkten liegt.

Lisas Mutter fragt, ob bei Lisa nun eine Legasthenie vorliege. Die Psychologin sagt, die Testergebnisse sprächen sehr für das Vorliegen einer Legasthenie, allerdings müsse Lisa noch kinder- und jugendpsychiatrisch untersucht werden. Dazu wird ein weiterer Termin vereinbart.

Überprüfung von Basiskompetenzen für den Schriftspracherwerb

Zu den *Basiskompetenzen für Lese-Rechtschreibleistungen* gehört die phonologische Bewusstheit.

In einem kürzlich erschienenen Test wird diese Basisfertigkeit gründlich überprüft. Dieser Test besteht aus insgesamt 74 Aufgaben, die zu sieben Subtests zusammengefasst sind: Pseudowort-Segmentierung, Vokalersetzung, Restwortbestimmung, Phonemvertauschung, Lautkategorisierung, Vokallängenbestimmung und Wortumkehr. Anhand dieser Aufgaben können bei Grundschulkindern der ersten bis vierten Klasse phonologische Fähigkeiten untersucht werden. Die einzelnen Testwörter und Laute sind auf einer CD aufgesprochen und werden den Kinder vorgespielt.

Ich gebe Ihnen ein Beispiel aus dem Test »Vokalersetzung«. Das Kind hört das Wort *Sand*. Es soll nun den Laut *a* durch den Laut *i* ersetzen. Dadurch entsteht das Wort *Sind*. Bei einzelnen Wörtern gibt es zwei Vokale, damit zwei Ersetzungen, z. B. *Kaba*: Aus Kaba wird *Kibi*.

> **Das erfolgreiche Lesen- und Schreibenlernen hat eine Reihe von Voraussetzungen, und die Fähigkeiten, die Ihr Kind dazu mitbringen sollte, sind gut untersucht.**

Kinder- und jugendpsychiatrische Diagnostik

Im Vordergrund der kinder- und jugend- psychiatrischen Diagnostik steht die Beurteilung der psy- chischen Entwicklung und der Diagnostik psychischer Störun- gen. Hierzu dienen Ge- spräche mit den Eltern und dem Kind.

Nach den Gesprächen mit Ihnen und Ihrem Kind, ergänzt durch psycholo- gische Testverfahren und eine neurologische Untersuchung des Kindes, können alle erhobenen Untersuchungsbefunde (einschließlich des Schul- berichtes) bewertet werden, und eine Diagnose wird gestellt.

Auf dieser Seite können Sie die wesentlichen Bestandteile der kinder- und jugendpsychiatrischen Untersuchung auf einen Blick erfassen.

Die kinder- und jugendpsychiatrische Untersuchung

- Anamnese (Eigen-, Familien- und Fremdanamnese)
- Standardisierter Rechtschreibtest
- Standardisierter Lesetest
- Standardisierter Intelligenztest
- Verfahren zur Erfassung der Emotionalität, des Verhaltens und der Persönlichkeit
- Neurologische und internistische Untersuchung einschließlich eines Hör- und Sehtests und ggf. eines Elektroenzephalogramms (EEG)
- Überprüfung der Motorik
- Überprüfung der Artikulation und des Sprachverständnisses

Ziel der Anamnese ist es, anhand eines Gesprächs mit den Eltern die Ent- wicklung ihres Kindes von der Geburt bis zum Zeitpunkt der aktuellen Untersuchung darzustellen. Ein weiterer Schwerpunkt ist die schulbezo- gene Anamnese (Zeitpunkt der Einschulung, Umgang mit der Schriftspra- che, Lernverhalten, Lese- und Rechtschreibfähigkeit).

Neben der Befragung der Eltern steht das Gespräch mit dem legasthenen Kind.

Fallbeispiel Diagnostik: Termin beim Kinder- und Jugendpsychiater

Zu einem zweiten diagnostischen Termin suchen Lisa und ihre Mutter einen Kin- der- und Jugendpsychiater auf. Der Arzt arbeitet in Kooperation mit der Psycho- login, die Lisa zuerst untersucht hat. Im Vordergrund dieses Untersuchungs- termins steht das ausführliche Gespräch mit Lisa und ihrer Mutter.

Lisa und ihre Mutter gehen gemeinsam in das Sprechzimmer des Arztes. Zu- nächst wird ihnen der Ablauf des Vormittags in der Praxis erklärt. Dann fragt der Kinder- und Jugendpsychiater nach der aktuellen Situation in der Schule. Lisas

Mutter berichtet über die Schwierigkeiten beim Lesen und Rechtschreiben und von den Problemen in der Klasse. Sie schildert auch, dass Lisa in letzter Zeit schlecht schlafe und morgens nicht mehr zur Schule gehen wolle. Dies bereite ihr große Sorgen. Der Arzt lässt sich auch von Lisa beschreiben, wie es ihr geht und wie sie die Probleme beschreiben würde. Anschließend wird das Gespräch mit beiden getrennt weitergeführt.

Der Kinder- und Jugendpsychiater fragt Lisa nach ihren Interessen und Hobbys, wie sie selbst ihre Lese- und Rechtschreibfähigkeit einschätzt und wie es ihr zu Hause und in der Schule geht. Eingehend erfragt er, wie ihre Stimmung ist, wie sie über die Schule denkt und mit den Lehrern klarkommt.

Mit Lisas Mutter bespricht der Kinder- und Jugendpsychiater die Entwicklung von Lisa seit der Geburt. Er fragt nach möglichen Komplikationen vor, während und nach der Geburt und nach der Entwicklung in den ersten Lebensjahren. Besonderen Wert legt er auf Lisas Sprach- und Sprechentwicklung. Der Zeitpunkt des Sprechbeginns und die Sprachentwicklung sind ihm wichtig. Auch nach der Aussprache von einzelnen Lauten wird Lisas Mutter gefragt. Lisas soziale und psychische Entwicklung stellt einen weiteren Schwerpunkt des Anamnesegesprächs dar.

Der Arzt stellt die aktuelle psychische Befindlichkeit des Kindes in seinem psychopathologischen Befund zusammenfassend dar.

Die neurologische Untersuchung

An das Gespräch mit dem Kind schließt sich eine neurologische Untersuchung an. Dabei soll klar werden, ob Störungen der Hirnnerven und des zentralen Nervensystems vorliegen. Diese Untersuchung schließt eine Überprüfung der fein- und grobmotorischen Koordinationsfähigkeit mit ein. Funktionstests prüfen wesentliche Bereiche der Hand- und Beinmotorik, der Sensibilität und der motorischen Koordinationsfähigkeit.

Anschließend werden die Wahrnehmungsfunktionen der Augen und der Ohren untersucht.

Zusätzlich zum Lesen und Rechtschreiben muss die Hör- und Sehfähigkeit untersucht werden.

Fallbeispiel Diagnostik: Die neurologische Untersuchung

Nach den Gesprächen mit Lisa und ihrer Mutter führt der Kinder- und Jugendpsychiater noch eine neurologische Untersuchung durch. Hierzu gehört die Untersuchung der Motorik, der Seh- und Hörfunktionen und der Hirnnerven.

Um die Koordination der Bewegung zu untersuchen, bittet er Lisa, ihre Schuhe auszuziehen und verschiedene Bewegungen nachzumachen. Der Arzt fährt mit dem Zeigefinger durch die Luft und Lisa soll mit ihrem Zeigefinger dieser Bewegung folgen. Das Stehen und Hüpfen auf einem Bein, abwechselnd für beide Beine, wird ebenfalls geprüft.

Zur Überprüfung der Sehfähigkeit wird ein Teil des Untersuchungszimmers abgedunkelt. An der Wand hängt eine Tafel, auf der Lisa die Öffnung von Kreisen erkennen muss, einmal mit dem linken, einmal mit dem rechten und einmal mit beiden Augen. Die Zeichen auf der Tafel haben unterschiedliche Größen, sodass Lisa sich anstrengen muss, auch die kleinsten Kreise noch zu erkennen.

Zur Hörprüfung werden Lisa in einem schallgedämpften Raum Kopfhörer aufgesetzt. Die Arzthelferin spielt ihr einzelne Töne unterschiedlicher Tonhöhe und Lautstärke vor. Lisa soll mit dem Finger zeigen, auf welchem Ohr sie den Ton hört bzw. ob sie überhaupt einen Ton hört.

Nach zwei Stunden ist die kinder- und jugendpsychiatrische Untersuchung abgeschlossen. In dem anschließenden Gespräch berichtet der Kinder- und Jugendpsychiater über die Untersuchungsergebnisse und stellt fest, dass bei Lisa eine Legasthenie vorliegt. Er empfiehlt eine Legasthenie-spezifische Förderung.

Wenn sich dabei Hinweise auf eine Seh- oder Hörstörung ergeben, erfolgt die Überweisung an einen Facharzt für Augenheilkunde oder für Pädaudiologie und Phoniatrie (kindliche Hörstörungen) zur weiteren Abklärung der Befunde.

Dieser umfangreiche diagnostische Aufwand ist notwendig, um erstens eine richtige Diagnose zu stellen und zweitens die spezifische Behandlung für Ihr Kind zu finden. Schließlich gibt es einzelne Kinder, die Leseprobleme aufgrund einer Sehstörung entwickeln. Diese okulären Lesestörungen müssen nach den Behandlungsstandards der Augenheilkunde behandelt werden. Trotzdem kann es sinnvoll sein, auch diese Kinder im Lesen und Rechtschreiben zusätzlich mit pädagogischen Mitteln zu fördern.

Jedoch ist es nicht bei allen Kindern mit einer Legasthenie notwendig, so umfangreiche Tests der Seh- und Hörfunktionen durchzuführen.

Wann zusätzliche Funktionstests durchgeführt werden sollten, wird in den nächsten Abschnitten dargestellt.

Wann sollte ein EEG durchgeführt werden?

Bei einzelnen legasthenen Kinder besteht der Verdacht, dass zusätzlich eine Epilepsie (Krampfleiden) vorliegt. Da es eher selten ist, dass Epilepsie und Legasthenie gemeinsam auftreten, ist es nur dann sinnvoll, ein EEG durchzuführen, wenn Sie bei Ihrem Kind bestimmte Auffälligkeiten beobachtet haben.

Die häufigste Epilepsieform ist die so genannte *Rolando-Epilepsie*, die sich mittels des Elektroenzephalogramms gut nachweisen lässt. Meistens sind Kinder im 5. und 10. Lebensjahr betroffen, Jungen häufiger als Mädchen.

Die Epilepsie wird häufig schlecht erkannt. Sie zeigt sich oft in einem Kribbeln oder Taubheitsgefühl der Zunge, der Lippen, des Zahnfleisches oder der Innenseite der Wange einer Gesichtshälfte. Darauf folgen häufiger leichte Verkrampfungen und meist auch Zuckungen in denselben Regionen einschließlich der Gesichtsmuskulatur. Wenn auch die Schluck- und Kaumuskulatur beteiligt ist, kann man grunzende Laute oder ein Zähneknirschen beobachten.

Eltern fällt die Problematik erst dann auf, wenn ihre Kinder nachts zu ihnen kommen, zwar wach erscheinen, aber nicht sprechen können und auf ihren Mund zeigen, der nach einer Seite verzogen ist, während Speichel herausläuft. Gelegentlich werden auch Muskelzuckungen beobachtet. Erst nach dem Anfall können die Kinder berichten, dass sie mit einem »tauben« oder auch »elektrisierenden« Gefühl im Mundbereich wach geworden sind. Meist tritt der Anfall in den frühen Morgenstunden auf und kann von Sekunden bis zu wenigen Minuten dauern.

Wenn Sie solche Auffälligkeiten beobachten, sollten Sie unbedingt einen Kinderarzt oder spezialisierten Neuropädiater aufsuchen.

> **Nur wenn Ihr Kind besondere Symptome zeigt, ist ein EEG nötig.**

Wann sind Sehtests notwendig? Und welche?

Im Rahmen der ärztlichen Diagnostik werden auch die Sehfunktionen überprüft, um die Möglichkeit auszuschließen, dass die Legasthenie durch eine Sehstörung verursacht ist.

Dabei prüft man verschiedene Funktionen des Auges, die für das Lesen wichtig sind, vor allem das beidäugige Sehen, die Koordination der Augenmuskeln, die Stellung der Augen zueinander und den Augenhintergrund des Kindes.

> **Wenn Kinder durch das Lesen häufig ermüden, sich in der Klasse nach vorne setzen, beim Lesen über Kopfschmerzen klagen: Immer auch an Sehstörungen denken!**

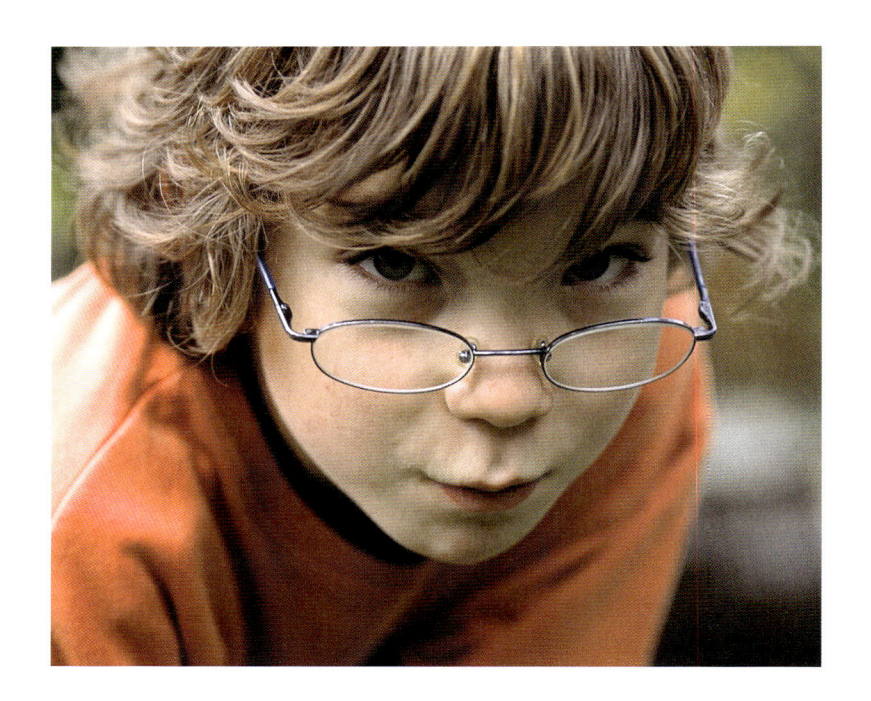

Fallbeispiel: Sehprobleme in der Schule

Sarah besucht die erste Klasse einer Grundschule. Die Klassenlehrerin setzt Sarah neben ihre Freundin, die einen Platz im hinteren Bereich des Klassenraums ausgesucht hat. Nach ein paar Schulmonaten berichtet Sarah, dass sie die Buchstaben auf dem großen Poster neben der Tafel manchmal nur verschwommen sehen kann. Der Klassenlehrerin fällt auf, dass Sarah häufig blinzelt, obwohl die Sonne nicht direkt in den Klassenraum scheint und eine direkte Blendung ausgeschlossen ist. Sarah berichtet über Kopfschmerzen und reibt sich oft die Stirn. Die Lehrerin schlägt Sarah vor, den Platz zu wechseln und sich nach vorne zu setzen. Sarah bemerkt, dass sie nun die Buchstaben besser erkennen kann. Die Klassenlehrerin ruft Sarahs Mutter an und berichtet über ihre Beobachtungen. Sie schlägt vor, Sarah beim Augenarzt untersuchen zu lassen. Sarahs Mutter ist verwundert, da sie mit Sarah alle Vorsorgeuntersuchungen beim Kinderarzt durchführen ließ und der Meinung war, dass in einer der Untersuchungen auch die Sehfähigkeit untersucht worden sei.

Am nächsten Tag vereinbart sie einen Termin bei der Augenärztin. Dort wird Sarah eingehend untersucht und eine Fehlsichtigkeit festgestellt. Um die Augen genau zu untersuchen, bekommt Sarah in jedes Auge ein paar Tropfen, die die Augenmuskeln entspannen. Dann kann der Augenarzt die Sehfunktionen des Auges genau untersuchen. Bei Sarah liegt eine Übersichtigkeit vor. Der Augenarzt erklärt, dass Sarahs Augen sich ständig überanstrengen. Das sei eine Fehlsteuerung, die durch eine Brille ausgeglichen werden könne. Daher bekommt Sarah eine Brille, mit der sie nun die Buchstaben wieder besser erkennen kann. Beschwerden beim Sehen treten nun auch nicht mehr auf.

Wenn Kinder wiederholt berichten, dass ihnen beim Lesen die Buchstaben verschwimmen, dass es schwierig ist, den Satzanfang zu finden, oder dass ihre Augen die Buchstaben in einer Zeile verlieren, sollte eine eingehende orthoptistische Untersuchung (meist in augenärztlichen Praxen oder Kliniken mit angegliederter Sehschule) durchgeführt werden.

Die häufigsten Funktionsstörungen des Auges sind die geringfügigen Abweichungen eines Auges (Heterophorie). Sie führen dazu, dass Ihr Kind beim Betrachten eines Wortes die Buchstaben und/oder das ganze Wort nicht richtig wahrnimmt. Dieses *latente Schielen* ist häufiger, als man denkt: Etwa 70 % aller Menschen sind davon betroffen. Stress oder Ermüdung führen dazu, dass diese unterdrückte Schielstellung sich zeitweise nicht mehr unterdrücken lässt.

Ein latentes Schielen kommt auch zum Vorschein, wenn man die Zusammenarbeit beider Augen z. B. durch Abdecken eines Auges unterbricht. Beim Aufdecken wandert das abgewichene, abgedeckte Auge prompt wieder in die Parallelstellung.

Je nach Größe und Richtung der Abweichung kann die ständige Anstrengung, den Parallelstand der Augen aufrechtzuerhalten, zu Kopfschmerzen, Leseunlust, Blinzeln und Zusammenkneifen der Augen führen. Augenärzte gehen davon aus, dass dieses Symptom recht häufig mit Leseschwierigkeiten einhergeht. Ungefähr 10 % der Leseschwierigkeiten sind auf okulär bedingte Lesestörungen zurückzuführen.

Wann sind Hör- und Sprachtests notwendig? Welche sind zu empfehlen?

Das Hören ist eine komplexe Fähigkeit, da ganz unterschiedliche Eigenschaften wahrgenommen und unterschieden werden müssen. Hierzu gehören die Lautstärke und die Länge eines Tones sowie die verschiedenen Frequenzen von Tönen und die Richtung, aus der ein Ton kommt. Beim Hören sind verschiedene Bereiche beteiligt, vor allem das äußere Ohr, das

Gehör und Sprache hängen zusammen. Beide wirken sich auch auf den Schriftspracherwerb aus.

Innenohr, die Nervenbahnen zum Gehirn und das Großhirn mit spezifischen sprachverarbeitenden Regionen.

Um die Hörfähigkeit von Kindern zu untersuchen, wird zunächst die Funktionsfähigkeit des Innenohrs untersucht. Mithilfe einer Tonschwellenaudiometrie wird das Vorliegen einer peripheren Hörstörung untersucht.

Bei diesem Test allerdings unterscheiden sich die Ergebnisse legasthener Kinder so gut wie nie von denen nicht legasthener Kinder.

Häufig stellt man dagegen fest, dass legasthene Kinder Schwierigkeiten bei der Unterscheidung von Einzellauten haben. Diese Schwierigkeiten haben nichts mit dem »eigentlichen« Hören, also der Funktion des Innenohrs, zu tun, sondern sind eher auf eine zentrale Verarbeitungsstörung der auditiven Information zurückzuführen.

Besonders schwer fällt offenbar die Unterscheidung von *Sprachreizen*, z.B. von einzelnen Konsonant-Vokal-Kombinationen wie *da* und *ba*. Weil legasthene Kinder den Unterschied nur mit Anstrengung heraushören können, fällt es ihnen auch schwer, die Buchstabenzuordnung zu diesen Sprachreizen zu erlernen.

Zur Diagnostik der Sprachunterscheidungsfähigkeit liegt für Kinder von 3–9 Jahren ein standardisierter und gut etablierter Test vor, der *Heidelberger Sprachentwicklungstest* (HSET von H. Grimm, s. S. 166).

Sprachentwicklungsstörung?

Hartnäckige Sprachfehler sollten Sie als Warnsignale ernst nehmen. Aber nicht immer erfordern sie eine Behandlung.

Legasthene Kinder haben oft in ihrer Entwicklung eine Sprachstörung, die den Schriftspracherwerb wesentlich beeinträchtigen kann. Daher wird empfohlen, die Sprachentwicklungsstörung möglichst frühzeitig zu diagnostizieren, um eine ebenfalls möglichst frühzeitige Behandlung durchzuführen. Durch die frühe Diagnose kann erreicht werden, dass Sie die Voraussetzung für den Schriftspracherwerb des legasthenen Kindes verbessern können. Die Übersicht auf S. 41 zeigt Ihnen die Entwicklungsschritte der normalen Sprachentwicklung.

Durch die frühe Diagnose können Sie erreichen, dass sich die Voraussetzung für den Schriftspracherwerb Ihres legasthenen Kindes verbessert.

Einen besonderen Bereich stellen die Artikulationsstörungen dar, also die Schwierigkeit des Kindes, einzelne Laute laut auszusprechen. Hierher gehören z.B. die Aussprache des *S* oder von Lautverbindungen wie *sp*, *st* und

Normale Sprachentwicklung

Die normale Sprachentwicklung verläuft über viele Jahre. Es lassen sich aber markante »Eckdaten« oder »Meilensteine« in dieser Entwicklung nachweisen; so stellt z. B. bereits das erste Schreien eines Säuglings nach der Geburt den Beginn der Sprachentwicklung dar! Weitere wichtige Eckdaten sind:

- Kinder können ab dem 6. Monat Laute verdoppeln (*absichtliche Lautnachahmung*).
- Mit ca. einem Jahr werden erste Worte gebildet (*ma-ma, pa-pa*).
- Mit 1,5–2 Jahren gibt es Zweiwortäußerungen (*Mama da*).
- Ab 2,5–4 Jahre erweitert sich der Wortschatz, Konsonanten und ihre Verbindungen kommen hinzu. Anfänglich bildet das Kind Laute, die es mit den Augen absehen kann, z. B. *p, b, m, l* und die Vokale *a, o, i, e, u.*

Die normale Sprachentwicklung sollte mit etwa 4–5 Jahren abgeschlossen sein. Das bedeutet, dass ein Kind dann in der Lage ist, (fast) alle Laute richtig auszusprechen, und mit einem kindgemäßen Wortschatz Sätze mit einfacher Grammatik bilden kann.

(Quelle: Deutsche Gesellschaft für Phoniatrie und Pädaudiologie e. V.)

spr. Diese sprechmotorischen Störungen können am besten durch Fachärzte für Phoniatrie und Pädaudiologen oder Logopäden diagnostiziert und behandelt werden. Achten Sie also früh darauf, ob Ihr Kind derartige Schwierigkeiten beim Sprechen hat.

Nicht immer ist eine Behandlung notwendig: Die korrekte Aussprache von s-Lauten wird z. B. von bei einigen Kindern erst sehr spät, im 6. oder 7. Lebensjahr, erlernt. Deshalb können Sie, wenn keine weiteren Erkrankungen oder Sprachstörungen vorliegen, mit einer Behandlung abwarten, bis die bleibenden Schneidezähne da sind. Wenn aber eine Störung vorliegt, sollte sie im Idealfall vor Schulbeginn behandelt werden.

Schulische Diagnostik

Neben der kontinuierlichen Beobachtung des Kindes, insbesondere seiner Lese- und Schreibentwicklung, gehört die Beurteilung der gesamten schulischen Entwicklung und des Umfeldes des Kindes zur schulischen Diagnostik.

Eine umfassende, schulische Diagnostik unter Berücksichtigung von Lesegeschwindigkeit, Lesefehlern und Leseverständnis ist Voraussetzung für die Diagnose Legasthenie.

Im Vordergrund steht der Aspekt der spezifischen Leistungs- und Lernstandsbeobachtung des Kindes im Lesen und Rechtschreiben durch den Deutschlehrer. Für die Rechtschreibung, aber auch für das Lesen wird empfohlen, dass die Lehrkraft auf das individuelle Lese- und Rechtschreibniveau besonders achten und herausarbeiten sollte, welches Entwicklungsniveau das Kind im Schriftspracherwerbsprozess erreicht hat.

Zur Beurteilung des aktuellen Entwicklungsstandes im Lesen und Rechtschreiben sollte eine Analyse der Rechtschreib- und Lesefehler stattfinden. Allerdings ist immer wieder infrage gestellt worden, ob ein und dasselbe legasthene Kind dieselben Rechtschreibfehler wiederholt macht. So finden Sie in der Fachliteratur immer wieder beschrieben, dass Legastheniker typische Rechtschreibfehler produzieren. Als Beispiel werden die Vertauschung von *b* und *d*, oder *b* und *g*, genannt.

> **Es gibt keine typischen Legasthenie-Rechtschreibfehler. Allerdings kann man aus den Fehlern beim Schreiben Empfehlungen für die Förderung ableiten.**

Diese Annahme konnte nicht belegt werden und ist irreführend. Während des Erlernens des Schreibens machen die meisten Kinder solche Rechtschreibfehler. Sie sind typisch für einen Entwicklungsstand im Rechtschreiben, jedoch nicht typisch für das Vorliegen einer Legasthenie.

Entscheidend für die angemessene schulische Förderung ist die qualifizierte Diagnostik. Im schulischen Bereich kann die Diagnostik z. B. im Anfangsunterricht durch die Überprüfung von Fähigkeiten zur Erfassung der Silbenstruktur von Wörtern, zum Reimerkennen und Lautunterscheidung erweitert werden. Für das Rechtschreiben ist die Buchstabenkenntnis zu Beginn der ersten Klasse von großer Bedeutung für die weitere Schriftsprachentwicklung. Daher ist die Erfassung und Dokumentation der Kenntnisse und Fähigkeiten eines jeden Kindes durch die Lehrkraft im Fach Deutsch besonders wichtig.

Die Beobachtung beim Lesen und Rechtschreiben im Unterricht sollte durch Schulleistungstests im Lesen und Rechtschreiben ergänzt werden. Dabei wird die Leseleistung hinsichtlich der Aspekte Lesegenauigkeit, Lesegeschwindigkeit und Leseverständnis beurteilt.

Durch den Einsatz von standardisierten Testverfahren mit adäquaten Normen kann die Lese- und Rechtschreibleistung eines einzelnen Kindes nicht allein in Bezug auf seine eigene Klasse, sondern auch im Vergleich zur Leseleistung im Bundesdurchschnitt eingeschätzt werden (s. S. 26/27).

Lernstrategien

Ein weiterer Bestandteil ist die Analyse der Lese- und Rechtschreibstrategie. Es ist häufig nicht leicht herauszufinden, wie ein legasthenes Kind an die Wörter herangeht und nach welchen Prinzipien es liest und schreibt. Daher sollten im Deutschunterricht auch die Lösungsstrategien analysiert werden. Kinder entwickeln von Beginn bis zum Ende der Grundschulzeit nicht selten Strategien, nach denen sie ein Wort schreiben. Dabei nutzen sie Wortähnlichkeiten und Rechtschreibregeln. Viele Legastheniker haben jedoch keine gleich bleibende Strategie beim Schreiben, sind leicht zu verunsichern und werden durch komplexe Erklärungen seitens des Lehrers oft überfordert. Zur differenzierten Analyse der Lese- und Schreibentwicklung durch die Lehrer ist es allerdings unbedingt notwendig, dass die Erkenntnisse der Schriftspracherwerbsforschung auch bekannt sind und gelernt wurden.

Auf dem Hintergrund dieser Kenntnisse wird der aktuelle Stand des Kindes mit dem zu erwartenden Stand in der Lese- und Rechtschreibentwicklung verglichen.

Neben die differenzierte Erfassung der Schwierigkeiten im Lesen und Rechtschreiben gehört auch die Erfassung der Stärken des Kindes. Die Analyse der individuellen Lern- und Aneignungsprozesse des Kindes gibt wesentliche Aufschlüsse über sein Lernpotenzial.

Zur Beurteilung der Entwicklung im Lesen und Rechtschreiben wird eine Dokumentation von schriftlichen Arbeiten des Kindes angelegt. Daraus lässt sich ersehen, wie sich Ihr Kind im Schriftspracherwerb entwickelt und wo aktuell seine individuellen Schwächen und Stärken liegen.

Wer, wann, wie?
Die drei Grundfragen zur Diagnostik

Wer stellt die Legasthenie fest?

Die Entscheidung darüber, ob eine Legasthenie vorliegt, hängt nicht selten von der Berufsgruppe ab, die die Diagnostik durchführt.

Die pädagogische Diagnostik verzichtet häufig auf die Anwendung standardisierter Lese- und Rechtschreibtests und Intelligenztests.

Es gibt in Deutschland keine autorisierte Instanz, die das Vorliegen einer Legasthenie feststellt.

Es gibt große Unterschiede zwischen der pädagogischen und psychologisch-medizinischen Diagnostik. Es sollte eine interdisziplinäre Diagnostik durchgeführt werden, die alle Aspekte des Kindes berücksichtigt.

Die medizinische und psychologische Diagnostik stimmen häufiger in ihrem Vorgehen überein. Die von der Weltgesundheitsorganisation (WHO) empfohlenen und in dem Klassifikationsschema für psychische Störungen (ICD-10) enthaltenen diagnostischen Empfehlungen werden von Medizinern angewandt.

Unter den Medizinern ist es die Berufsgruppe der Kinder- und Jugendpsychiater, die im Rahmen ihrer Facharztausbildung die Diagnostik der Legasthenie erlernen.

Unterschiedliche Ergebnisse – kein Wunder

Dass unterschiedliche diagnostische Vorgehensweisen zu unterschiedlichen Ergebnissen führen, wundert daher kaum. Wenn man das Lehrerurteil hinsichtlich der Lese- und Rechtschreibfähigkeit eines Kindes mit der Lese- und Rechtschreibleistung in einem standardisierten Test vergleicht, so ist die Übereinstimmung durchschnittlich nicht größer als 20−30%.

D. h., dass das Lehrerurteil über die Lese- und Rechtschreibleistung eines Kindes nur in geringem Maß mit der tatsächlichen Lese- und Rechtschreibleistung, wie sie im Test gemessen wurde, zusammenhängt.

Dies führt erwartungsgemäß zu Widersprüchen zwischen dem Lehrerurteil und z. B. einem Fachgutachten. Gerade für Eltern sind solche fehlenden Übereinstimmungen nicht zu verstehen. Letztendlich wirken sich solche Abweichungen oft auch negativ für das legasthene Kind aus. Dazu folgendes Beispiel.

Fallbeispiel:

Einschätzung der Lese- und Rechtschreibleistung durch die Lehrerin

Maria besucht die dritte Klasse der Grundschule. Ihrer Mutter fällt seit längerer Zeit auf, dass Maria erhebliche Schwierigkeiten beim Schreiben von Wörtern hat. Marias Mutter hat seit einem Jahr intensiv mit Maria geübt, ihr täglich Lernwörter diktiert und mit ihr gelesen. Allerdings hat Maria immer weniger Lust zum Üben mit der Mutter, und die Schule macht ihr auch weniger Spaß als damals im ersten Schuljahr. Marias Mutter hat über eine Freundin den Tipp bekommen, Maria testen zu lassen. Nachdem Maria in einer kinder- und jugendpsychiatrischen Praxis eingehend untersucht wurde, teilte man Marias Mutter mit, dass ihre Tochter eine ausgeprägte Legasthenie habe.

Daraufhin nahm Marias Mutter mit der Deutschlehrerin Kontakt auf. Sie erklärte der Lehrerin ihre Beobachtungen zu Hause und das Ergebnis der Untersuchung beim Kinder- und Jugendpsychiater. Die Klassenlehrerin reagierte erstaunt und verärgert zugleich, da sie erstens die Leistungen von Maria im Lesen und Rechtschreiben als nicht so schlecht beurteilte und die Mutter sich zweitens nicht zuerst bei ihr, der Lehrerin, gemeldet hatte, um mit ihr über Marias Schulleistungen zu sprechen. Marias Mutter war wiederum verärgert über die Lehrerin, da sie der Meinung war, dass die Lehrerin Marias Legasthenie längst hätte bemerken müssen.

Wie kommen nun diese Unterschiede in der Einschätzung zustande?

Ein Grund könnte sein, dass das Niveau der Lese- und Rechtschreibfähigkeit in der gesamten Klasse nicht sehr hoch ist und daher die schwachen Leistungen von Maria im Vergleich zum Rest der Klasse nicht besonders schlecht sind.

Ein anderer Grund könnte sein, dass die Lehrerin bisher die Leistungen in Rechtschreibung noch nicht bewertete und weniger Wert auf die schriftlichen Leistungen legte.

> Entscheidend für Marias Zukunft ist der Austausch aller, die an der Diagnostik beteiligt sind. In diesem Fall wäre es sinnvoll gewesen, wenn der Kinder- und Jugendpsychiater die Lehrerinformation in seine Diagnostik integriert hätte. Wenn er die Beurteilung der Deutschlehrerin gekannt hätte, wären die unterschiedlichen Sichtweisen eher aufgefallen, und die Unterschiede hätten sich früh klären lassen.

Wann sollte eine Legasthenie festgestellt werden?

Das Vorliegen einer Legasthenie sollte so früh wie möglich diagnostiziert werden.

Mit den neuen Test- und Untersuchungsmethoden lässt sich bereits vor Schulbeginn herausfinden, welche Kinder Risiko laufen, eine Legasthenie zu entwickeln (s. S. 47–49). Wenn ein solches Risiko bei Ihrem Kind anhand der Ergebnisse von Tests festgestellt wurde, sollten Sie in jedem Fall zum Ende der zweiten Klasse erneut eine ausführliche Diagnostik durchführen lassen, um zu überprüfen, ob wirklich eine Legasthenie vorliegt.

Da sich die Lese- und Rechtschreibfähigkeiten – abhängig vom Unterricht und den individuellen Möglichkeiten des Kindes – vor allem in den ersten beiden Schuljahren entwickeln, ist oft erst zum Ende der zweiten Klasse eine sichere Diagnose zu stellen.

Früherkennung von Lese- und Rechtschreibschwierigkeiten

Um legasthenen Kindern möglichst frühzeitig zu helfen, ist eine Frühdiagnostik dringend zu empfehlen. Dafür sind erforderlich:

- eine eingehende Verhaltensbeobachtung
- die Erhebung der Entwicklungsgeschichte des Kindes
- die Kenntnis der Familiengeschichte
- standardisiertes und normiertes Testverfahren

Wie oft sollte ein Kind getestet werden?

Die Diagnose Legasthenie lässt sich zuverlässig erst zum Ende des zweiten Schuljahrs stellen.

Wenn bei einem Kind die Verdachtsdiagnose einer Legasthenie bereits in der ersten Klasse gestellt wird, sollte die Testuntersuchung am Ende der zweiten Klasse wiederholt werden. Das ist empfehlenswert, weil die individuelle Entwicklung der Kinder in den ersten beiden Grundschulklassen noch recht unterschiedlich verläuft. Es kann durchaus sein, dass ein Kind zum Ende der ersten Klasse deutlich Schwierigkeiten bei der Rechtschreibung hat und im Rechtschreibtest auch eine unterdurchschnittliche Leistung aufweist. Zum Ende der zweiten Klasse aber sind die Leistungen desselben Kindes im Rechtschreiben vielleicht durchschnittlich, sodass die Diagnose einer Rechtschreibstörung nicht gerechtfertigt ist.

Wie kommt es zu einer solchen Veränderung? Neben der individuellen Entwicklung des Kindes kann auch die Unterrichtsmethodik eine Rolle spielen. Bei jeder Methode ist möglich, dass einzelne Kinder mit gerade diesem Schreiblehrgang weniger gut zurechtkommen und mehr Zeit benötigen, das Rechtschreiben zu erlernen.

Auch im Verlauf der Legasthenie-Förderung ist eine Wiederholung der Lese- und Rechtschreibtests sinnvoll. Nach einem Jahr und in den folgenden Jahren kann der Lernfortschritt mit standardisierten Lese- und Rechtschreibtests (s. S. 27–31) gut festgestellt werden.

Wenn die Intelligenz bereits zur Eingangsdiagnostik gemessen wurde (s. S. 31–33), kann bei weiteren Untersuchungen darauf verzichtet werden, da der IQ recht stabil ist und eine wesentliche Veränderung des IQs nicht zu erwarten ist.

Risikofaktoren in der vorschulischen Entwicklung

Welche Faktoren früh auf eine Legasthenie hinweisen, ist z. T. noch umstritten. Es gibt eine Reihe von Annahmen – z. B., dass legasthene Kinder in ihrer motorischen Entwicklung gestört sind –, die bisher aber nicht bestätigt wurden.

In Finnland und in Holland werden zzt. in zwei Längsschnittstudien Kinder von der Geburt an in regelmäßigen Abständen untersucht, um festzustellen, welche Entwicklungsschritte legasthenen Kindern besondere Probleme bereiten. Obwohl diese Studien noch nicht abgeschlossen sind und bisher ausschließlich Risikokinder (Kinder mit dem Risiko, eine Legasthenie zu entwickeln) untersucht wurden, stimmen die ersten Ergebnisse in wesentlichen Punkten überein.

Zu den wesentlichen Risikofaktoren gehören Auffälligkeiten in der Sprech- und Sprachentwicklung. Diese Auffälligkeiten sind in der Tabelle auf S. 48 zusammengefasst.

> **Anhand von Längsschnittstudien wurde in den letzten Jahren versucht, möglichst frühzeitig Faktoren in der Entwicklung des Kindes zu erkennen, die auf ein Risiko, eine Legasthenie zu entwickeln, hinweisen.**

Vorschulische Risikofaktoren für die Entwicklung einer Legasthenie

- verspäteter Sprechbeginn
- geringer Wortschatz
- wenig komplexe Äußerungen (geringe Satzlänge im Alter von zwei Jahren)
- Artikulations- bzw. Aussprachefehler
- Schwierigkeiten bei der Lautunterscheidung
- Schwierigkeiten, Reime zu bilden
- Schwierigkeiten, Silben zu klatschen
- Schwierigkeiten, Wörter und Texte im Gedächtnis zu behalten
- Desinteresse an Sprach- und Singspielen

Wenn bei Ihrem Kind einer dieser Risikofaktoren oder gar mehrere vorliegen, ist es sinnvoll, ein vorschulisches Screening durchzuführen. Screeningverfahren haben das Ziel, anhand standardisierter Methoden das Risiko zu bestimmen, ob ein Kind eine Legasthenie entwickeln wird. Dies bedeutet aber auch: Mithilfe eines solchen Verfahrens kann *keine* Diagnose gestellt werden. Da es sich um die Abschätzung eines Risikos handelt, kann ein Screening lediglich die Wahrscheinlichkeit vorhersagen, mit der Ihr Kind Schwierigkeiten im Lesen und/oder Rechtschreiben haben wird. Da die Screeningverfahren nicht ganz genau das Risiko bestimmen können, ist es möglich, dass Kinder auch fälschlich als Risiko- bzw. als Nicht-Risikokinder klassifiziert werden.

Test im Kindergarten

Es gibt ein Testverfahren, das in den letzten Jahren entwickelt wurde und das recht gut die Wahrscheinlichkeit der Entwicklung von Schwierigkeiten im Lesen und Rechtschreiben am Ende der zweiten Klasse vorhersagen kann: das *Bielefelder Screening zur Früherkennung von Lese- und Rechtschreibschwierigkeiten* (BISC) von Jansen, Mannhaupt, Marx und Skowronek (2002). Es erfasst die verschiedenen Fähigkeiten des Vorschulkindes, die als wesentliche Voraussetzungen für den Schriftspracherwerb betrachtet werden. Hierzu gehören die Fähigkeiten,

- Reime, Silben und Laute zu erkennen
- Wörter im Gedächtnis zu speichern und abzurufen

Vorschulische Screeningverfahren können das Risiko, ob ein Kind eine Legasthenie entwickeln, vorhersagen. Daher sollten Risikokinder möglichst frühzeitig diagnostiziert werden.

- Bilder und Farben zu erkennen und schnell aufzusagen und
- Wörter zu vergleichen.

Dieser Test dauert in der Regel 20 bis 30 Minuten und wird einzeln mit dem Kind durchgeführt. Das Ergebnis ist eine Klassifikation in *Risiko vorhanden* oder *nicht vorhanden*. Wenn ein Risiko vorhanden ist, sollten Sie sich nach einem Frühförderprogramm umsehen, das bei Ihrem Kind vor allem die Fähigkeiten fördert, die im Screeningverfahren als zu schwach ausgebildet gefunden wurden (s. S. 137–139).

Fallbeispiel Diagnostik: Vorschulisches Screening

Lisas Mutter macht sich, nachdem bei Lisa eine Legasthenie festgestellt wurde, über die Entwicklung ihres fünfjährigen Sohnes Thomas Sorgen. Thomas hat verspätet begonnen zu sprechen und zeigt wenig Interesse an Büchern. Ihre Freundin hat ihr zwar gesagt, dass dieses Verhalten typisch für Jungen sei und sie sich nicht sorgen müsse, trotzdem ist Lisas Mutter beunruhigt. Zunächst fragt sie im Kindergarten nach, ob die Erzieherinnen etwas Besonderes bei Thomas beobachtet hätten. Die Erzieherin berichtet jedoch, Thomas sei ein aufgewecktes und sehr lebhaftes Kind, nicht weiter auffällig. Die Mutter solle sich nicht weiter sorgen und erst einmal abwarten, bis Thomas in die Schule kommt.

Um eine weitere Meinung einzuholen, ruft Lisas Mutter wieder in der psychologischen Beratungsstelle an und erkundigt sich. Dort erhält sie die Auskunft, dass Thomas dort untersucht werden könne. Zum vereinbarten Termin an einem Vormittag gehen Thomas und seine Mutter zu der Psychologin. Zunächst spielt sie mit Thomas. Dann erkundigt sich sich bei der Mutter nach seiner Entwicklung, insbesondere nach der Sprachentwicklung.

Anschließend holt die Psychologin einen Karton mit verschiedenen Tests. Auch einen CD-Spieler setzt sie ein. Thomas' Mutter kann bei der ganzen Untersuchung dabeibleiben, da Thomas etwas ängstlich ist. So kann sie auch gleich sehen, welche Tests mit Thomas gemacht werden. Nach einer halben Stunde sind alle Tests durchgeführt.

Die Psychologin bittet nun Thomas und seine Mutter, ein wenig zu warten, damit sie die Tests gleich auswerten kann. In dem anschließenden Beratungsgespräch teilt sie der Mutter mit, dass bei Thomas ein Risiko für eine Legasthenie besteht. Die Psychologin rät zu einem vorschulischen Training, das die Voraussetzungen für das Lesen und Rechtschreiben in der Schule deutlich verbessern soll.

Spezifische Auffälligkeiten beim Lesen im ersten Schuljahr

Die Früherkennung ist nicht auf die Kindergartenzeit und die Vorschule beschränkt. Auch zu Beginn und in den ersten Monaten des Schulbesuchs können aus dem Verhalten Ihres Kindes beim Erlernen des Lesens und Rechtschreibens Schlüsse auf den weiteren Verlauf der Schriftsprachentwicklung gezogen werden.

Weitere Faktoren werden für die Vorhersage einer Legasthenie bedeutsam: die Buchstabenkenntnis und die Fähigkeit zur Buchstaben-Laut-Zuordnung. Leider liegt für die Überprüfung dieser Fähigkeiten noch kein standardisiertes deutsches Testverfahren vor.

Kinder mit einer Leseschwäche haben überzufällig häufig bereits nach drei Monaten Unterricht Schwierigkeiten, die bereits gelernten Buchstaben richtig zu benennen und die häufig gelesenen Wörter fehlerfrei zu erkennen. Vor allem bei neuen Wörtern und beim Lesen von Wörtern ohne Sinn wird ihre Leseschwäche deutlich.

Leseschwache Kinder sprechen häufig die einzelnen Laute aus, sagen also z. B. *m-a-m-a.* Das Zusammenschleifen von Lauten gelingt nicht.

Die Lesegeschwindigkeit ist sehr niedrig.

Spontanes Lesen ist eher selten, das Lesen erfolgt zögerlich, einzelne Laute werden zwar in richtiger Reihenfolge gesagt, bleiben jedoch häufig unverbunden.

Das Kind macht Fortschritte, aber es holt nicht auf

Bis zum Ende des ersten Schuljahrs verändert sich diese Entwicklung in der Weise, dass auch die Leseschwachen das Zusammenschleifen der Laute gelernt haben und sinnvolle Wörter mit wenigen Buchstaben lesen können. Allerdings ist die Lesegeschwindigkeit deutlich beeinträchtigt und die Fehlerrate recht hoch.

Jetzt aber tritt zutage, dass ihr Leseverständnis beeinträchtigt ist. Leseschwache Kinder beschäftigen sich, weil sie langsamer lesen, eher mit der Bedeutung einzelner Wörter als mit dem übergeordneten Satz- bzw. Aussageverständnis.

So kommen sie ins Hintertreffen, je mehr später über den Inhalt von Texten gesprochen wird.

> **Aus genauen Beobachtungen der Lese- und Rechtschreibentwicklung im ersten Schuljahr lassen sich Rückschlüsse auf die weitere Entwicklung im Lesen und Rechtschreiben ziehen.**

Spezifische Auffälligkeiten beim Rechtschreiben im ersten Schuljahr

Die alte Regel, ein Wort zehnmal richtig zu schreiben, nützt Ihrem legasthenen Kind nichts, denn rechtschreibschwache Schüler können aus dem wiederholten Sehen der einzelnen Wörter wenig profitieren. Es fällt ihnen trotz des mehrmaligen Lesens schwer, die konkrete Verschriftlichung eines Wortes zu behalten. Oft schreiben sie ausschließlich unvollständige Wörter, zum Teil nur Wortruinen. Eine lautgetreue Schreibweise fällt den legasthenen Kindern schwer. (Vielleicht werfen Sie noch einmal einen Blick auf Abb. 1 auf S. 10 und Abb. 2 auf S. 30!)

Besondere Probleme bestehen beim Schreiben von Konsonanten und Konsonantenfolgen (z. B. *Tr* in *Treppe*), die lautlich schwierig zu trennen sind, beim Schreiben von Plosivlauten (z. B. *p*, *t*, *k*) und beim Schreiben von Konsonanten nach Vokalen im Wortstamm (z. B. langer Vokal mit einem nachfolgenden Konsonanten: *Name*; kurzer Vokal mit zwei nachfolgenden Konsonanten: *Wasser*).

Üben, üben, üben, und doch keine Verbesserung – kennen Sie das?

Mögliche Folgen

Bis zum Ende der ersten Klasse erlernen die legasthenen Kinder zunehmend die lautgetreue Rechtschreibung. Die orthografisch richtige Schreibweise der Wörter bleibt aber bis ins Erwachsenenalter häufig ein zentrales Problem (s. S. 65).

Eine weitere Auffälligkeit ist, dass rechtschreibschwache Kinder häufig vermeiden zu schreiben. Sie suchen selbst kaum Anlässe zum Schreiben. Bei schriftlichen Anforderungen ist die Textmenge häufig gering. Es ist ja auch kein Wunder, dass Ihr legasthenes Kind, auch wenn es mündlich redegewandt ist, sich beim Schreiben möglichst kurz fasst, um nicht weiter bei jedem Wort über die Rechtschreibung nachdenken zu müssen. Diese Schreibvermeidung nimmt im Laufe der Entwicklung, wenn keine Förderung erfolgt, deutlich zu.

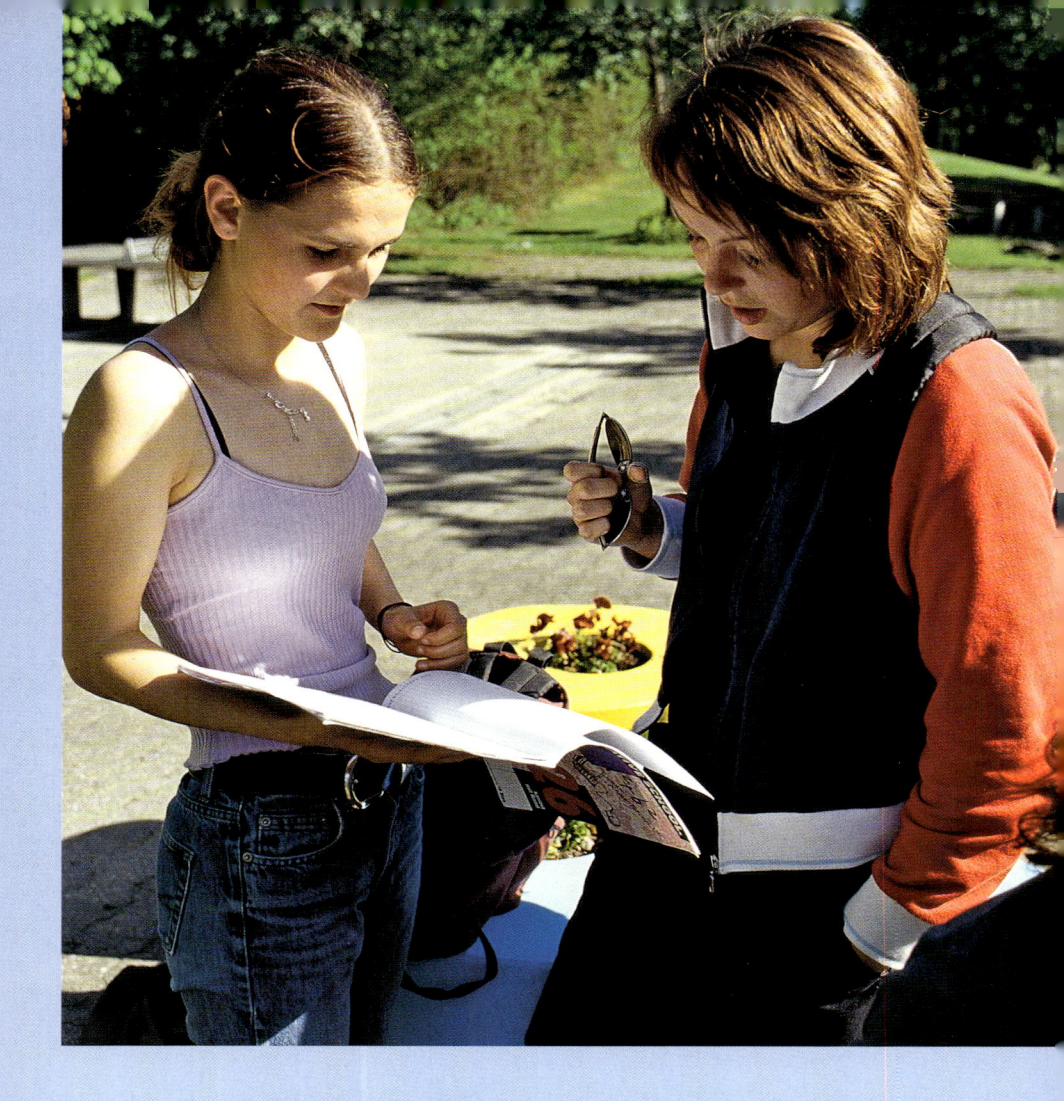

Wie sieht
die Zukunft aus?

Viele Eltern legasthenischer Kinder machen
sich Sorgen, wie sich ihr Kind schulisch entwickelt.
In diesem Kapitel werden alle Aspekte der
psychosozialen und schulischen Entwicklung
beleuchtet.

Presseberichte zeichnen häufig ein düsteres Bild und tragen zur weiteren Besorgnis von Eltern bei. Da kann man lesen, dass Legastheniker häufig später im Gefängnis landen und dass man nichts gegen die Legasthenie tun könne, weil sie eine Krankheit sei und damit schicksalhaft akzeptiert werden müsse.

Lassen Sie sich durch solche Meldungen nicht entmutigen. Obwohl Legasthenie eine Krankheit ist, können Sie Ihrem Kind helfen. Es lohnt sich, auch wenn die Hilfe oft bis ins Erwachsenenalter notwendig ist.

Legasthenie und psychische Auffälligkeiten

Die Bedeutung von psychischen Symptomen ist bei der Legasthenie insgesamt hoch.

Viele Kinder und Jugendliche schlagen sich mit Traurigsein, Selbstmordgedanken, Schlaf- und Essstörungen herum. Eine in Mannheim und Umgebung durchgeführte Studie zeigte, dass die Anzahl psychischer Symptome bei Legasthenikern bis zum 18. Lebensjahr im Vergleich zu Nicht-Legasthenikern deutlich erhöht ist (s. Abb. 3 auf S. 54).

Diese Untersuchung hat Legastheniker seit der Schulzeit bis ins Erwachsenenalter begleitet. Um festzustellen, ob die psychischen Probleme bei Legasthenikern häufiger auftreten, wurden sie mit einer so genannten Kontrollgruppe verglichen. Diese setzte sich aus Schülern zusammen, die vergleichbar begabt wie die Legastheniker waren, aber keine Probleme beim Lesen und Schreiben hatten.

Alle Kinder wurden hinsichtlich des Vorhandenseins von psychischen Problemen untersucht. Besondere Aufmerksamkeit kam den drei häufigsten Symptomgruppen zu. Hierzu gehören die Verhaltensstörungen (Hyperaktivität, Impulsivität, Aufmerksamkeitsstörung, Gewalttätigkeit, Regelverletzung) und die so genannten introversiven Störungen (traurige Stimmung, Selbstmordgedanken, Schlafstörungen).

Die Prozentangaben in der linken Spalte von Abb. 3 sollten Sie mit den Angaben der rechten Spalte vergleichen.

Sie sehen auf einen Blick, dass die Prozentangaben bei den Legasthenikern deutlich höher sind. Diese erhöhte Prozentangabe bleibt über alle Altersgruppen bestehen.

> **Dass Misserfolg traurig macht, ist klar. Kein Kind »steckt das einfach weg«. Alle Formen, in denen es seine Befindlichkeit äußert, müssen ernst genommen werden.**

Ergebnisse der Mannheimer Längsschnittstudie: Psychische Störungen (Esser und Schmidt, Zeitschrift für Klinische Psychologie 22, 100–116, 1993)		
	LRS (n=32)	Normal intelligente Kinder ohne Entwicklungsstörungen (n=244)
8 Jahre	43,2%	12,4%
13 Jahre	44,1%	16,8%
18 Jahre	34,4%	18,9%

Abb. 3: Häufigkeit psychischer Symptome bei Legasthenikern in drei Altersgruppen im Vergleich zu Nicht-Legasthenikern

Diese Studie bestätigt, was Studien in anderen Ländern bereits zuvor gezeigt haben: dass bei Legasthenikern die Rate psychischer Probleme deutlich erhöht ist. Deshalb sollten Sie das Verhalten Ihres legasthenen Kindes gut beobachten und ggf. frühzeitig eine kinder- und jugendpsychiatrische Untersuchung durchführen lassen, damit die gesamte Entwicklung des Kindes positiv beeinflusst wird.

Ich stelle Ihnen nun die häufigsten Störungsbilder vor, die gemeinsam mit einer Legasthenie auftreten.

Legasthenie und Aufmerksamkeits-Hyperaktivitätsstörung

Bei ca. 15–20% der legasthenen Kinder liegt zusätzlich eine Störung der Aufmerksamkeit, eine ausgeprägte Hyperaktivität oder ein impulsiver Verhaltensstil vor.

Aufmerksamkeitsstörung
Aufmerksamkeitsgestörte Kinder
■ sind unaufmerksam gegenüber Details
■ werden häufig von externen Reizen abgelenkt
■ hören häufig scheinbar nicht, was ihnen gesagt wird
■ sind häufig beeinträchtigt, Aufgaben und Aktivitäten zu organisieren
■ verlieren oft Gegenstände, die für bestimmte Aufgaben wichtig sind
■ brechen Aufgaben vorzeitig ab

Abb. 4: Typische Verhaltensweisen von aufmerksamkeits-gestörten Kindern

Impulsivität und Hyperaktivität beeinflussen das Lernen und den Schulerfolg. Daher ist die Diagnostik beider Störungen so wichtig.
Die typischen Verhaltensweisen der aufmerksamkeitsgestörten Kindern sind in Abb. 4 auf S. 54 zusammengefasst. Den Kindern gelingt es nur schlecht, sich auf die relevanten Aspekte einer Aufgabe zu konzentrieren, sie springen häufiger auf und verlieren schnell die Lust, bei einer Aufgabe zu bleiben.

> **Fallbeispiel: Auch Legastheniker können hyperaktiv sein!**
> Johannes war schon im Kindergarten recht lebhaft, konnte schlecht still sitzen und war manchmal aggressiv gegen andere Kinder. Seit einem Jahr besucht er die Grundschule, und die Lehrer klagen, dass Johannes so unruhig und zappelig sei. Sie berichten, dass Johannes in der Klasse herumlaufe, bei Aufgaben nicht abwarten könne, bis er an die Reihe kommt, häufig dazwischenrufe und unaufmerksam sei. Daher, so die Meinung der Klassenlehrerin, komme er auch in der Schule nicht mit. Als Johannes' Mutter dies am Elternsprechtag erfährt, ist sie nicht überrascht. Auch zu Hause ist Johannes ein unruhiges Kind. Beim Essen wackelt er mit dem Stuhl, er ist immer in Bewegung und gerät mit den Geschwistern oft in Streit. Bei den Hausaufgaben ist er unkonzentriert und unmotiviert. Eins versteht sie allerdings nicht: warum die Lehrerin meint, Johannes komme in allen Schulbereichen nicht mit. Sie hat den Eindruck, dass er im Rechnen sehr gut mitkommt, dass das Rechnen ihm sogar leicht fällt und er auch sehr wissbegierig ist.
> Johannes' Mutter lässt sich in einer Erziehungsberatungsstelle beraten, nachdem Johannes dort eingehend untersucht wurde. Dort wird die Diagnose einer Aufmerksamkeits-Hyperaktivitätsstörung gestellt und ein Therapieplan besprochen.

Der Diagnostik dieser zusätzlichen Störung kommt eine entscheidende Bedeutung zu. Denn das rechtzeitige Erkennen kann zu einer frühzeitigen Behandlung führen, die sich dann positiv auf die weitere Lernentwicklung auswirken wird.

Manchmal werden Legastheniker auch aggressiv und begehen Straftaten.

Risiko: Dissoziales Verhalten

Verhaltensstörungen treten in der Entwicklung gehäuft auf, meistens in Form von gestörter Aufmerksamkeit oder von impulsivem und aggressivem Verhalten. Relativ häufig nehmen legasthene Kinder, bei denen seit dem Kindergarten eine Aufmerksamkeitsstörung besteht, als Jugendliche eine dissoziale Entwicklung: Es kann sein, dass sie Diebstähle begehen, sich aggressiv gegenüber anderen verhalten, Eigentum zerstören und auch Straftaten begehen, die sie vor Gericht bringen.

Aber auch ohne zusätzliche Aufmerksamkeitsstörung ist bei Legasthenikern das Risiko für eine dissoziale Entwicklung generell erhöht. Jungen sind besonders gefährdet.

Warum das so ist – ob Legasthenie und Dissozialität aus einer gemeinsamen Wurzel stammen oder auf andere Weise ursächlich miteinander zusammenhängen –, ist bis heute nicht geklärt. Ziemlich sicher spielen soziale Faktoren, wie z. B. das Einkommen der Familie und der Lebensstandard, eine gewisse Rolle für das gemeinsame Auftreten. Vermutlich tritt dann eine delinquente Entwicklung auf, wenn bereits früh in der Entwicklung (bereits vor Schulbeginn) antisoziales Verhalten zu beobachten ist.

Legasthenie und emotionale Störungen

Durch das häufig erlebte Versagen in der Schule, aber auch durch fehlende Akzeptanz in der Familie entwickeln manche Legastheniker ein negatives Selbstkonzept und ein geringes Selbstwertgefühl. Sie bewerten ihre Leistungen im Lesen und Rechtschreiben eher als schlecht, trauen sich wenig zu und betrachten sich selbst als die Ursache für die schlechten Lese- und Rechtschreibleistungen.

> **Emotionale Symptome wie Rückzug von den Eltern und Freunden, Lustlosigkeit und traurige Grundstimmung sind ernst zu nehmende Anzeichen einer beginnenden depressiven Entwicklung. Diese sollte frühzeitig erkannt und behandelt werden.**

Fallbeispiel: Die psychischen Folgen der Legasthenie

Maria besucht die fünfte Klasse der Gesamtschule. Seit einem Jahr beobachtet ihre Mutter, dass Maria nicht mehr so viel Spaß wie früher hat, dass sie oft schlecht gestimmt und gereizt wirkt. In letzter Zeit spielt sie nicht mehr mit ihren Freunden, sie geht nicht mehr zum Reiten und verbringt ihre Freizeit lieber in ihrem Zimmer. Bei Maria wurde in der vierten Klasse auf Initiative ihrer Mutter eine ausgeprägte Legasthenie festgestellt. In der Schule wurde die Legasthenie nicht berücksichtigt, und Maria hat sehr darunter gelitten, dass sie trotz ihrer großen Anstrengungen im Lesen und Rechtschreiben kaum besser wurde. Sie hat viel zu Hause geübt, bekam Nachhilfe, benutzte Computer-Lernprogramme. Trotzdem erreichte sie in der Rechtschreibung keine ausreichenden Leistungen. In anderen Schulfächern, in denen sie immer sehr gut war, wurden ihre Leistungen auch immer schlechter. Ihre Klassenkameraden verloren ihr Interesse an ihr, der Deutschlehrer unterstützte sie nicht.

Marias Mutter ist sehr besorgt, da Maria sich so stark verändert hat. Sie sucht Rat bei einer Kinder- und Jugendpsychiaterin. Dort schildert sie ihre Sorgen und Beobachtungen. Die Kinder- und Jugendpsychiaterin bittet um die Vorstellung von Maria. Als die Mutter Maria ihren Wunsch vorträgt, sie möge mit ihr gemeinsam zur Kinder- und Jugendpsychiaterin gehen, zögert das Mädchen zunächst. Sie verstehe nicht, was das solle. Letztlich willigt Maria jedoch in die Untersuchung bei der Kinder- und Jugendpsychiaterin ein. Dort spricht die Psychiaterin mit Maria und führt eine Reihe von Fragenbogen-Tests durch.

Die Psychiaterin stellt eine beginnende depressive Episode bei Maria fest. Sie rät zu einer psychotherapeutischen Behandlung.

Ein Teil der Legastheniker entwickelt eine depressive Störung. Diese Störung ist gekennzeichnet durch eine traurige Grundstimmung, negative Selbsterwartung, fehlende Lebensperspektive, häufiges Weinen ohne Anlass. Hinzu kommen eine Reihe von körperlichen Auffälligkeiten: z.B. Gewichtsverlust und Schlafstörungen. Nicht selten entwickeln diese Kinder Selbstmordgedanken.

Legasthenie und psychosomatische Symptome

Auch wenn Sie wissen, dass die Bauchschmerzen »eigentlich« keine sind: Nehmen Sie sie ernst!

Kinder, die morgens vor der Schule über starke Kopf- und/oder Bauchschmerzen klagen, in den Ferien aber diese Probleme überwiegend nicht zeigen, sind nicht selten legasthen (s. Fallbeispiel auf S. 9). Häufig stehen diese Beschwerden in direktem Zusammenhang mit schulischen Anforderungen, z.B. mit einem angekündigten Diktat. Aber auch eine belastende schulische Situation, z.B. mangelndes Verständnis des Lehrers für die Problematik des legasthenen Kindes, kann Auslöser der körperlichen Symptome sein. Wenn das Kind wiederholt erlebt hat, dass es aufgrund seiner schlechten Rechtschreibleistung in der Klasse bloßgestellt wird, so entwickelt es ein Schule vermeidendes Verhalten.

Dadurch, dass die körperlichen Symptome, wie z.B. morgendliches Erbrechen oder Bauchschmerzen, an eine organische Erkrankung denken lassen, werden die Kinder zunächst vom Kinderarzt untersucht. Die Untersuchung des Kindes erbringt häufig keinen auffälligen Befund, sodass dann der Zusammenhang zwischen der Schule und den Kopf- und Bauchschmerzen in Betracht gezogen werden sollte. Wenn wiederholt die Symptome morgens vor der Schule auftreten und keine organische Ursache vorliegt, so ist dies ein ernst zu nehmendes Signal an die Eltern, ihr Kind eingehend z.B. kinder- und jugendpsychiatrisch untersuchen zu lassen.

Legasthenie in Fremdsprachen

Kinder mit erheblichen Problemen beim Lesen und Rechtschreiben einer Fremdsprache haben häufig auch in der Muttersprache Probleme damit. Leider gibt es bisher keine Angaben zur Häufigkeit von Schwierigkeiten, die legasthene Kinder in Deutschland beim Lesen und Rechtschreiben in einer Fremdsprache haben.

Wenn Sie für Ihr Kind eine Schule wählen, ist das mögliche Auftreten einer Lese- und Rechtschreibstörung in den Fremdsprachen eine wichtige Entscheidungsgrundlage. Der Fremdsprachenerwerb stellt in der Regel für legasthene Kinder eine große Herausforderung dar. Es ist deshalb wichtig, dass Eltern sich vorab in der weiterführenden Schule erkundigen, wie dort mit dem Problem Legasthenie und Fremdsprachen umgegangen wird.

> **Legasthenie wirkt sich auch auf das Erlernen einer Fremdsprache aus. Daher benötigen legasthene Kinder besondere Hilfen in den Fremdsprachen.**

Fallbeispiel: Soll Lukas mit Englisch oder mit Latein anfangen?

Die verschiedenen Fremdsprachen stellen aufgrund ihrer Spracheigenschaften unterschiedliche Anforderungen an legasthene Kinder. Wenn man die Fremdsprachen hinsichtlich ihrer Schwierigkeiten im Bereich der Konstanz der Buchstaben-Laut-Zuordnung einordnet, so gehört Englisch mit zu den schwierigsten Sprachen, Französisch nimmt eine mittlere Position ein, Italienisch und Spanisch gehören zu den leichteren Sprachen. Jedoch ist die Buchstaben-Laut-Konstanz nicht der einzige Aspekt, der eine Schwierigkeit für Legastheniker darstellt.

Englisch ist aufgrund der besonderen Anforderung der englischen Schriftsprache sicherlich besonders schwer. Andererseits ist die Bedeutung von Englisch als der vorherrschenden Fremdsprache zu berücksichtigen.

Im Französischen ist, bedingt durch die Häufigkeit ähnlich klingender Laute, eine Differenzierung für Legastheniker sehr schwer.

> Die Annahme, dass Latein aufgrund seiner hohen Übereinstimmung von Laut zu Buchstaben keine Probleme für ein Kind wie Lukas darstellt, ist fraglich. Im Lateinischen besteht die Schwierigkeit darin, dass eine Buchstabenfolge exakt gelesen und gespeichert werden muss, um den Inhalt des Gelesenen zu verstehen. Da die Bedeutung einer Textpassage nicht selten durch wenige Buchstaben entscheidend verändert werden kann, ist ein sehr genaues Lesen notwendig. Lukas wird beim Übersetzen aus dem Lateinischen kaum auf Kontextinformationen zurückgreifen können, die zum Textverständnis im Deutschen oder Englischen möglich sind.

Kinder mit einer Legasthenie benötigen auch im Fremdsprachenunterricht intensive Unterstützung und Lernmethoden, die das Vorhandensein einer Legasthenie berücksichtigen. Eine spezifische Förderung, die bisher jedoch kaum angewendet wird, ist sehr sinnvoll.

Im rechtlichen Rahmen, festgelegt durch die Erlasse und Verwaltungsvorschriften der Kultusministerien der Bundesländer, wird die Legasthenie im Fremdsprachenerwerb in nur wenigen Bundesländern berücksichtigt. Am bedauerlichsten ist dabei, dass es auch noch keine unterrichtsdidaktischen Empfehlungen gibt.

Die Wahl der geeigneten Fremdsprache

Die Sprache selbst sollte nicht das Einzige sein, wonach Sie sich richten.

Häufig fragen sich Eltern, welche Fremdsprache ihr legasthenes Kind erlernen soll. Es gibt leider nicht *die* Fremdsprache, die für Legastheniker geeignet ist. Auf S. 59 wurde dargelegt: Alle Fremdsprachen stellen hohe Anforderungen, denen Ihr Kind genügen muss.

Die Auswahl sollte sich daher auch nach der Lehrerpersönlichkeit richten. Wenn ein Fremdsprachenlehrer Verständnis für die Legasthenie hat, ist unabhängig von der Neigungen des Kindes dieser Lehrer zu bevorzugen.

Ein anderer Aspekt sind die Vorlieben Ihres Kindes.

Hat es eine besondere Beziehung zu einer Sprache? Möchte es z. B. mit der italienischen Oma in ihrer Muttersprache korrespondieren, später einmal durch Frankreich reisen oder die englischsprachigen Texte des Lieblings-Popstars richtig verstehen?

Dann sollte dies berücksichtigt werden, um die Lernmotivation zu erhalten.

Entwicklung bis zum Erwachsenenalter

Legasthenie ist ein Sammelbegriff für verschiedene Störungen:

- eine Lese-Rechtschreibstörung
- eine isolierte Lesestörung
- eine isolierte Rechtschreibstörung

Die kombinierte Lese-Rechtschreibstörung gehört zu den häufigsten Störungen. Die isolierte Rechtschreibstörung ist deutlich seltener, die isolierte Lesestörung am seltensten.

Die individuelle Ausprägung hinsichtlich Form und Schwere der Legasthenie ist unterschiedlich. Manche Legastheniker sind so schwer betroffen, dass sie bis zum Ende der dritten Klasse kein einzelnes Wort richtig lesen und schreiben können.

Faktoren, die den Lese-Rechtschreiberwerb fördern

Die Entwicklung der Legasthenie wird durch verschiedene, einander beeinflussende Faktoren bestimmt. Die folgende Übersicht fasst diese Faktoren zusammen.

> Das lässt schon vor Schulbeginn auf einen erfolgreichen Verlauf des Lese-Rechtschreiberwerbs schließen. Einige dieser Faktoren können Sie als Eltern gut beeinflussen.

Günstige Faktoren

- hohe Intelligenz
- gute Buchstabenkenntnis bei Einschulung
- ausgebildete phonologische Fähigkeiten im Vorschulalter
- gute Lernmotivation
- keine zusätzlichen psychischen Störungen
- lernförderliches und die Persönlichkeit stärkendes schulisches Umfeld
- unterstützendes Elternhaus
- Geschlecht: weiblich

Die einzelnen Faktoren

Erstens: Legasthene Kinder mit hohen kognitiven Fähigkeiten erreichen häufig ein höheres Lese- und Rechtschreibniveau als Legastheniker mit einem niedrigeren intellektuellen Niveau.

Zweitens: Ein unterstützendes Elternhaus ist ein wesentlicher, schützender und fördernder Faktor für das legasthene Kind. Hierbei ist nicht allein wichtig, dass die Erwartungen der Eltern an die Leistungsfähigkeit des Kindes angepasst werden, sondern auch, dass sie ihr Kind emotional unterstützen – unabhängig von dem Leistungsaspekt.

Drittens: Der Schule und den Lehrern kommt eine große Bedeutung zu. Ein lernförderliches schulisches Umfeld, das die Persönlichkeit des lernschwachen Kindes akzeptiert, ist ein wichtiger Faktor für eine gute psychosoziale Entwicklung. Im Gegensatz hierzu ist vor allem die Wahrscheinlichkeit, psychische Probleme zu entwickeln, dann erhöht, wenn legasthene Kinder in der Klasse ausgegrenzt werden, einem erhöhten Anforderungsdruck und mangelnder Einfühlsamkeit des Lehrers ausgesetzt werden. Daher ist auch die Integration des legasthenen Kindes in seiner Altergruppe bzw. Klassengemeinschaft wichtig.

Viertens: Einen wesentlichen Einfluss auf die Entwicklung sollte der Faktor Förderung und Therapie haben. Allerdings sind die Ergebnisse wissenschaftlicher Untersuchungen hierzu widersprüchlich. Trotz Förderung ist die Entwicklung im Lesen und Rechtschreiben insgesamt nicht sehr gut. Diese Aussage wird natürlich durch die Auswahl des Förderprogramms beeinflusst. Bei nicht effektiven Methoden kann der Verlauf der Legasthenie sogar negativ beeinflusst werden, da sich die Leistungen der betroffenen Schüler im Verhältnis zum Klassendurchschnitt weiter verschlechtern.

Entwicklung im Lesen und Rechtschreiben

Die Lese- und Rechtschreibentwicklung verläuft vor allem in der ersten Klasse besonders steil.

Wenn Ihr Kind in den ersten Wochen Leseprobleme hat, sollten Sie aufmerken, aber noch nicht Alarm schlagen. Sie können in diesem Stadium damit rechnen, dass Ihr Kind seine Probleme mit 30–50-prozentiger Wahrscheinlichkeit bis zum Ende des ersten Schuljahrs bewältigt. Die Wahrscheinlichkeit hängt natürlich davon ab, wie ausgeprägt die Leseprobleme sind.

Wenn aber Ihr Kind in der Mitte bis zum Ende des zweiten Schuljahrs Lese- und Rechtschreibschwierigkeiten hat, bleiben diese Probleme häufig bis zum Ende der Schulzeit bestehen. So zeigte die *Wiener Längsschnittstudie*, dass kaum ein Schüler, der zu Beginn der zweiten Klasse Leseschwierigkeiten aufwies, in der achten Klasse durchschnittliche Leistungen er-

Die Lese- und Rechtschreibentwicklung ist sehr stabil. Legasthene Kinder haben ein großes Risiko, auch als Erwachsene Schwächen im Lesen und Rechtschreiben zu haben.

Abb. 5: Amerikanische Untersuchung zum Verlauf der Leseleistung vom 5.–18. Lebensjahr

reichen konnte. Auch amerikanische Studien bestätigen den recht stabilen Verlauf der Entwicklung von Lesefähigkeiten (*Connecticut Längsschnittstudie*).

In Abb. 5 auf dieser Seite sehen Sie die Langzeit-Entwicklung der Leseleistung von amerikanischen Kindern. Drei Gruppen von Kindern, mit niedrigem, mittlerem und hohem Leseniveau, wurden kontinuierlich mit Lesetests untersucht. Die Abbildung zeigt, dass sich alle drei Gruppen entwickeln, dass jedoch Leser, die mit fünf Jahren am schlechtesten abschnitten, auch als Achtzehnjährige nicht das Niveau der guten oder auch nur der durchschnittlichen Leser erreichen konnten. Sie sehen hier, dass Legasthenie nicht nur eine Entwicklungsstörung ist, die aufgeholt wird oder »sich auswächst«, sondern dass sie meist bis ins Erwachsenenalter bestehen bleibt. Kennzeichnend für die schlechte Leseentwicklung bis zum 18. Lebensjahr ist die niedrige Lesegeschwindigkeit, hingegen ist die Anzahl an Lesefehlern gering.

Für die Entwicklung der isolierten Rechtschreibstörung liegen kaum Ergebnisse vor. Die *Wiener Längsschnittstudie* zeigt, dass ca. ein Drittel der Kinder mit einer Rechtschreibschwäche den Rückstand im Rechtschreiben aufholt, ein weiteres Drittel behält seine Rechtschreibschwäche, und das letzte Drittel entwickelt zusätzlich eine Leseschwäche.

Hier können Sie als Eltern besonders viel tun, um Ihrem Kind zu helfen.

Auswirkungen auf die seelische Gesundheit

Die psychische Entwicklung der Betroffenen ist oft bestimmt durch ein geringes Selbstwertgefühl, eine geringe Frustrationstoleranz und z.T. ein negatives Selbstbild mit einer pessimistischen Zukunftserwartung. Die ständige Auseinandersetzung mit den schulischen Anforderungen und den eigenen Leistungen, dazu nicht selten der Vorwurf mangelnder Leistungsbereitschaft, stellen besondere psychische Belastungsfaktoren dar.

Abb. 6 auf dieser Seite zeigt die Verzweiflung eines jungen Legasthenikers, der sehr unter seiner Legasthenie leidet.

18	Meine Nerven	sind blank.
19	Andere Leute	siend so gut in der Schule.
20	Ich leide	unter Wahrnemungstörung.
21	Ich versagte	in der Schule.
22	Lesen	benötigt viel ~~zet~~ Zeit.
23	Mein Verstand	existirt nicht mehr.
24	Die Zukunft	wird schrecklich sein.
25	Ich brauche	meine Freunde.

Abb. 6: Ausschnitt aus einem Test eines 15-jährigen Legasthenikers

Schulabschluss und Berufsausbildung

Legasthene Jugendliche erreichen häufig einen im Verhältnis zu ihren intellektuellen Fähigkeiten zu geringen Schulabschluss. Sie besuchen häufig die Haupt- und Realschule, z.T. auch die Schule für Lernhilfe, obwohl ihre kognitiven Fähigkeiten häufig über dem Lernhilfeniveau bzw. ihrem aktuellen Beschulungsniveau liegen. Ein gymnasialer Abschluss wird vergleichsweise selten erreicht, obwohl die legasthenen Jugendlichen aufgrund ihrer Intelligenz sehr gut in der Lage wären, das Abitur zu machen.

Auch in der Berufsausbildung sind die Legastheniker benachteiligt. Sie wählen häufig handwerkliche Berufe und Berufe, in denen geringe schriftsprachliche Anforderungen gestellt werden, nur selten akademische Berufe. Kürzlich konnte gezeigt werden, dass die Rate der Arbeitslosigkeit unter den Legasthenikern deutlich erhöht ist (*Mannheimer Längsschnittstudie*).

Erwachsene Legastheniker

Die der Legasthenie zugrunde liegende Störung ist Teil des betroffenen Menschen, und sie oder er muss mit ihr leben. Aufgrund des chronischen Verlaufs können Sie davon ausgehen, dass auch im Erwachsenenalter die Legasthenie häufig ist. Auch dazu gibt es Untersuchungen. Aktuelle internationale Studien zum Vergleich der Lese- und Rechtschreibfähigkeiten wie z. B. PISA und IGLU zeigten, dass die Lesekompetenz deutscher 15-jähriger Schüler recht gering ist. Im Vergleich mit den deutschsprachigen Nachbarländern Österreich und Schweiz erreichten in Deutschland besonders viele Schüler lediglich die beiden niedrigsten Lesekompetenzstufen. Nach Haffner et al. (1998) haben ungefähr 5 % der deutschen Erwachsenen das Rechtschreibniveau von Viertklässlern.

Wie viele Erwachsene sind betroffen?
Internationale Studien zur Evaluation der schulischen Entwicklung (IEA, *International Association for the Evaluation of Educational Achievement*) besagen, dass 1,4 % der Achtklässler als funktionale Analphabeten einzuschätzen sind. Auch amerikanische Untersuchungen bestätigen den recht hohen Anteil (ca. 5–10 %) an Erwachsenen, die aufgrund ihrer Leseschwäche nicht in der Lage sind, alltagsrelevante Informationen aufzunehmen (z. B. in der Zeitung).

Selbst unter Hochschulstudenten ist die Anzahl der Legastheniker recht hoch, auch wenn hierfür bis heute keine repräsentativen Daten vorliegen. Bei Umfragen des deutschen Studentenwerks bezeichneten sich 1 % der deutschen Studenten als lese- und/oder rechtschreibschwach. Einzelne Biografien zeigen aber auch, dass Legastheniker trotz Rechtschreibstörung Hochschulprofessoren geworden sind. Mit Unterstützung von Computerprogrammen, mithilfe eines Sekretariats und guter Freunde haben sie es geschafft, mit ihrer Schwäche erfolgreich in der Forschung und in der Lehre zu sein.

Legasthene Jugendliche sind in ihrer schulischen Entwicklung erheblich benachteiligt. Trotz hoher Intelligenz erreichen sie häufig nur einen Hauptschulabschluss.

Legasthenie wächst sich nicht aus.

Ursachen der Legasthenie

Lange suchte man die Ursachen der Legasthenie
in der visuellen oder akustischen Wahrnehmung
oder im familiären Umfeld. Im 21. Jahrhundert
versteht man sie als ursächlich komplexe Störung.
Das bedeutet, dass neurobiologische Ursachen
vorliegen, deren Bedeutung aber durch Umweltfaktoren beeinflusst wird.

Es werden sehr verschiedene Ursachen der Legasthenie angenommen. Die neurobiologisch orientierte Forschung der letzten Jahre hat viele neue, wichtige Erkenntnisse gebracht, sodass die zentralnervöse Verarbeitung von auditiver und visueller Information bei der Legasthenie heute viel klarer gesehen werden kann (s. Abb. 7 auf S. 68).

Seit den ersten Fallbeschreibungen im 19. Jahrhundert forscht man nach den Ursachen der Legasthenie.

Zunächst glaubte man an Funktionsstörungen des Auges. Da jedoch nur in Einzelfällen solche Störungen nachweisbar waren, wurde diese These verworfen und im Bereich der akustischen Wahrnehmung nach der Ursache gesucht. Diese Forschung wurde im Wesentlichen durch Mediziner und Psychologen durchgeführt. Die pädagogische Forschung stellte in den 60 Jahren des letzten Jahrhunderts die Bedeutung der Familie in den Vordergrund.

Heute geht man davon aus, dass kein einzelner Faktor eine Legasthenie verursacht. Sie wird von verschiedenen, relevanten Einflussfaktoren bestimmt und ist nicht als ein einheitliches Störungsbild zu verstehen. Im Gegenteil ist von einem komplexen Geschehen auszugehen, bei dem verschiedene Faktoren zusammenwirken.

Der Legasthenie liegt keine einzelne Ursache zugrunde. Neben der visuellen und auditiven Informationsverarbeitung spielen genetische Faktoren eine große Rolle. Auch die schulische Unterrichtung und emotionale Unterstützung beeinflussen die Entwicklung der Legasthenie.

Vererbung oder Umwelt?

Durch die neuen Methoden der genetischen Forschung haben genetische Faktoren an Bedeutung gewonnen. Es ist heute bereits möglich, Genorte zu beschreiben, die wahrscheinlich für die Entstehung der Legasthenie relevant sind.

Trotzdem ist Legasthenie nichts einfach Gegebenes, gegen das man machtlos wäre. Eine Reihe von Umweltfaktoren beeinflussen die Entwicklung der Lese- und Rechtschreibfähigkeit. Hierzu gehört der Einfluss von Schule, dessen Bedeutung nicht zuletzt durch die kürzlich veröffentlichten Ergebnisse der internationalen Bildungsvergleichsstudien PISA (*Program for International Student Assessment*) und IGLU (*Internationale Grundschul-Lese-Untersuchung)* gezeigt wurde.

Die Bedeutung von familiären und soziokulturellen Faktoren wurde in den 60er- und 70er-Jahren des letzten Jahrhunderts als sehr bedeutend eingeschätzt. Die aktuelle Forschung hat aber gezeigt, dass der Einfluss dieser

Abb. 7: Ursachen
für die Entstehung
einer Legasthenie

Faktoren auf die Lese- und Rechtschreibfähigkeit gering ist, sodass familiäre Faktoren für die Entstehung einer Legasthenie nur noch im Sinne der Genetik eine Rolle spielen.

Genetische Untersuchungen

Dass eine Legasthenie in mehreren Generationen in einer Familie auftritt, wird immer wieder beobachtet.

Bereits im 19. Jahrhundert haben britische Augenärzte Familien untersucht, in denen eine Leseschwäche in drei Generationen auftrat. Da die Betroffenen keine Einschränkung der Sehfunktionen aufwiesen und somit keine Ursache aus augenärztlicher Sicht vorlag, wurde die Störung als *erbliche Wortblindheit* beschrieben.

Die auf S. 69 in Abb. 8 gezeigten Beispiele zeigen, dass die Legasthenie, ausgehend von der Urgroßelterngeneration, in allen nachfolgenden Generationen auftritt. Weibliche und männliche Familienmitglieder sind nahezu gleich häufig betroffen. An dem Beispiel sieht man auch, dass nicht selten legasthene Erwachsene zueinander finden und – möglicherweise, weil sie selbst wissen, was es bedeutet, mit einer Legasthenie zu leben, gerade deshalb – eine Partnerschaft mit einem Legastheniker eingehen.

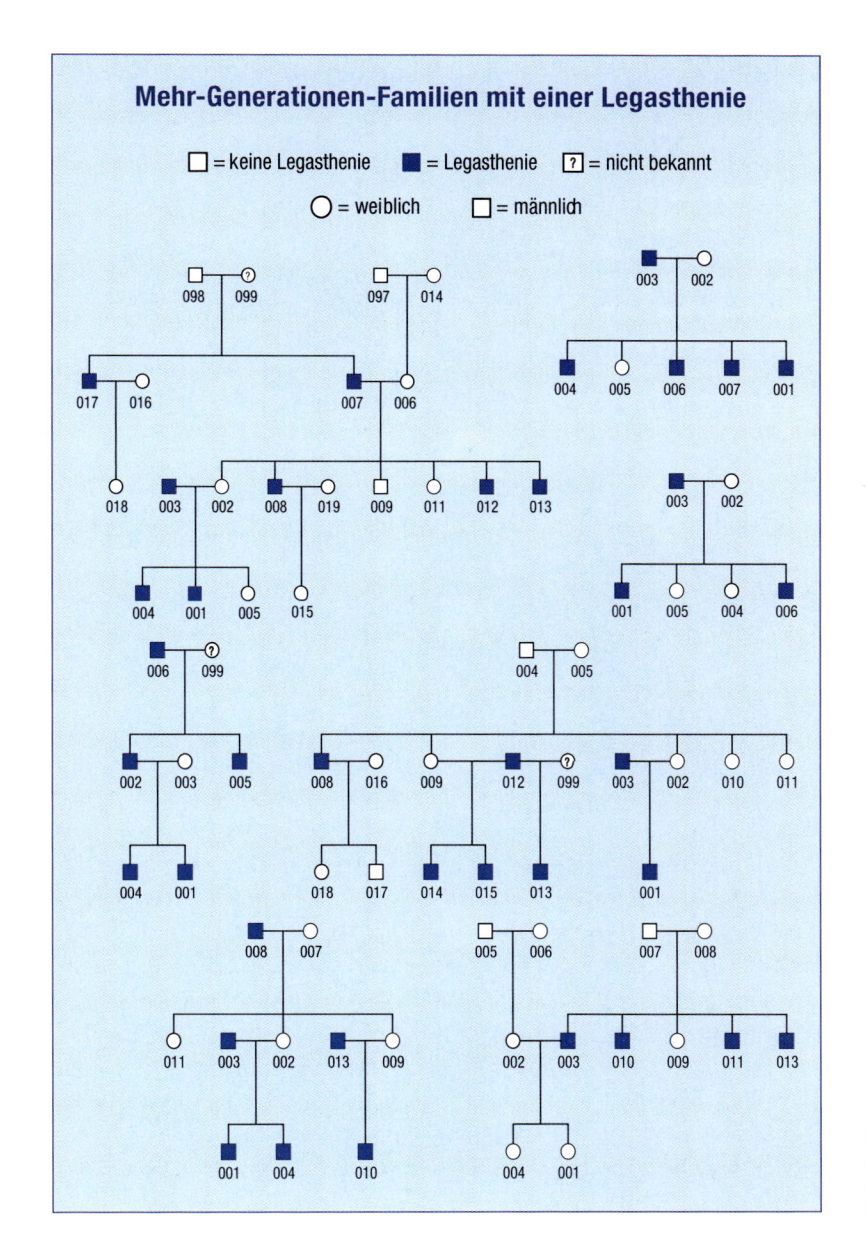

Abb. 8: Stammbäume von Familien, in denen Legasthenie gehäuft auftritt

Ein familiär gehäuftes Auftreten der Legasthenie wurde in der Folgezeit in groß angelegten Familienstudien wiederholt gefunden. Ausgehend von einem legasthenen Kind, wurde bei ca. 50% der Eltern und Geschwister ebenfalls eine Legasthenie gefunden. Neuere Untersuchungen zeigen, dass das Risiko für ein Geschwisterkind, ebenfalls eine Legasthenie zu entwickeln, um das 3,2fache erhöht ist.

Das Muster der Vererbung in den Familien entspricht in einzelnen Familien einem so genannten dominanten Erbgang. Bei einem solchen Erbgang ist die Wahrscheinlichkeit, dass ein Kind eines betroffenen Elternteils ebenfalls diese Störung entwickelt, annähernd 50%. Die Ergebnisse der aktuellen Familienstudien sind allerdings nicht mehr mit einem dominanten Vererbungsmodus erklärbar. Deshalb nimmt man heute an, dass bei der Vererbung der Legasthenie ein Zusammenwirken von mehreren Genen stattfindet.

Zwillingsuntersuchungen

Das Auftreten einer familiären Häufung der Legasthenie bedeutet nicht automatisch, dass eine Störung genetisch verursacht ist.

Wenn in Ihrer Familie mehrere Legastheniker leben, ist daraus nicht mit Sicherheit auf genetische Faktoren zu schließen. Es könnte sich ja auch ein gemeinsames familiäres Umfeld ebenfalls auf die Lese- und Rechtschreibfähigkeit auswirken.

Die genauere Bedeutung der Genetik für die Legasthenie gelingt durch den Vergleich von eineiigen Zwillingen, die genetisch nahezu identisch sind, mit zweieiigen Zwillingen, die einander genetisch genauso ähnlich sind wie Geschwister.

Dazu wird die Erblichkeitsziffer geschätzt (Heritabilität). Diese liegt zwischen 0% und 100%. 100% bedeutet, dass die Legasthenie ausschließlich auf genetische Faktoren zurückgeführt werden kann, 0% hingegen schließt genetische Faktoren aus.

Das Ergebnis: halb Anlage, halb Umwelt

Eltern haben Chancen, ihrem Kind wirkungsvoll weiterzuhelfen.

Die Erblichkeitsziffer für die Legasthenie liegt bei 50% bis 60%; für die Rechtschreibleistung ist sie tendenziell sogar höher. Dies bedeutet, dass genetischen Faktoren eine große Bedeutung für die Legasthenie zukommt. Zusätzlich spielen aber andere, nicht-genetische Faktoren eine recht große Rolle, denn immerhin sind bis zu 50% der Ursachenfaktoren nicht genetisch.

Welche Umweltfaktoren von Bedeutung sind, wurde bisher in Zwillingsstudien kaum untersucht. Neben den Einflussfaktoren wie z.B. der schulischen Unterrichtung und schulischen Förderung spielen familiäre Faktoren eine Rolle. Von den familiären Faktoren sind insbesondere die Lese- und Rechtschreibprobleme der Eltern und der emotionale Umgang der Eltern mit dem Kind bei schulischen Aufgaben von Bedeutung.

Ergebnisse der Genomforschung

In den letzten Jahren wurde verstärkt nach den molekulargenetischen Ursachen der Legasthenie gesucht. Durch einen Zufallsbefund erlangte eine Region auf dem Chromosom 15 besonderes Interesse: In mehreren amerikanischen Familien war bei den leseschwachen Familienmitgliedern ein bestimmtes Muster der genetischen Information verändert.

Mittlerweile kennt man verschiedene Regionen des menschlichen Genoms, in denen bei der Legasthenie Veränderungen gefunden wurden. Zu diesen Regionen gehören Abschnitte auf den Chromosomen 1, 2, 3, 6, 15 und 18. Ein erstes verändertes Gen wurde auf dem Chromosom 15 gefunden, ohne dass die Bedeutung dieses Gens bisher verstanden wäre.

> **Durch die Ergebnisse der Genomforschung kann möglicherweise frühzeitig eine Legasthenie diagnostiziert werden und damit in sensiblen Phasen der Gehirnentwicklung gefördert werden.**

Was kann die Genomforschung bringen?

Die Hoffnung der genetischen Forschung ist, anhand von Veränderungen an einzelnen Genorten möglichst frühzeitig Kinder zu entdecken, die ein Risiko für die Entwicklung einer Legasthenie haben. Falls es gelänge, spezifischen Formen der Legasthenie Veränderungen auf der molekulargenetischen Ebene zuzuordnen, wäre es möglich, verschiedene Formen der Legasthenie frühzeitig zu diagnostizieren. Dann bestände die Möglichkeit, Risikokinder sehr frühzeitig zu fördern.

Vor allem wäre es dann möglich, das Gehirn in sensiblen Entwicklungsphasen so zu fördern, dass die neurobiologischen Voraussetzungen für den Schriftspracherwerb verbessert würden. Angenommen, man fände ein Gen für eine spezifische Form der Legasthenie, die durch Sprachwahrnehmungsdefizite gekennzeichnet wäre. Dann könnte man sehr früh eine Entwicklungsphase des kindlichen Gehirns, in der eine hohe Sensitivität für die Sprachwahrnehmung vorliegt, nutzen und versuchen, mit entsprechenden Trainings die Sprachwahrnehmung zu fördern.

> **Noch können die sensiblen Entwicklungsphasen des Gehirns nicht optimal zur Förderung genutzt werden.**

Neurobiologische Untersuchungen

Störungen der Wahrnehmung und Informationsverarbeitung

Auch wenn bis heute die genetischen Verursachungsfaktoren noch nicht verstanden sind, so ist es sehr wahrscheinlich, dass die relevanten Gene auf bestimmte Gehirnfunktionen Einfluss ausüben. Zu diesen Funktionen gehören das Sehen und Hören. Beim Sehen und Hören unterscheiden wir eine periphere von einer zentralen Verarbeitungsebene. Eine Fehlsichtigkeit ist zwar eine Einschränkung des Sehtüchtigkeit, kann aber durch eine Brille weitestgehend korrigiert werden und zählt zu den peripheren Sehstörungen. Gesichtsfeldausfälle, die dazu führen, dass nur ein bestimmter Anteil des Sehfeldes wahrgenommen wird, obwohl die Augen voll funktionstüchtig sind, gehören dagegen zu den zentralen Sehstörungen. Diese Unterscheidung kann man auch für die auditive Wahrnehmung treffen.

> **Achten Sie rechtzeitig auf evtl. vorliegende auditive und visuelle Wahrnehmungsstörungen, um die Voraussetzungen Ihres Kindes für den Schriftspracherwerb zu verbessern!**

> **Fallbeispiel Mittelohrentzündung:**
> **Ursache einer Sprachentwicklungsverzögerung?**
> Eine sehr häufige Ursache von kindlichen Hörstörungen ist die Mittelohrentzündung (Otitis media), die meist recht unkompliziert wieder abheilt. Manchmal wiederholt sich die Erkrankung aber auch häufig (drei- bis viermal in sechs Monaten) und kann dann die Hörwahrnehmung deutlich beeinträchtigen. Vor allem in den sensiblen Phasen der Sprachentwicklung in den ersten Lebensjahren wird dadurch die Schallleitung manchmal so stark beeinträchtigt, dass die Unterscheidung von einzelnen Lauten erheblich erschwert wird.
> Allerdings ist trotz der Häufigkeit die Diagnostik nicht ganz einfach, und es werden nicht selten Fehldiagnosen gestellt. Folgende Symptome können auf das Vorliegen einer Mittelohrentzündung hinweisen: Husten, Schnupfen, Reizbarkeit, Appetitlosigkeit, Fieber, Kopfschmerzen, Schmerzen im Ohr, Druck im Ohr, eine Hörminderung (über die allerdings kleine Kinder selten berichten).
> Bei Verdacht sollten Sie einen Kinderarzt bzw. Pädaudiologen aufsuchen, um eine angemessene Diagnostik und Therapie durchzuführen.

Warum ist diese Unterscheidung so wichtig? Sowohl für die Ursachenforschung als auch für die klinische Diagnostik ist eine differenzielle Erfassung der Probleme des legasthenen Kindes notwendig. Eine für Ihr Kind

Modell zu Störungen der Informationsverarbeitung

Wahrnehmung und Verarbeitung nicht sprachlicher Information

Sprachwahrnehmung und -verarbeitung

Wahrnehmung von Buchstaben und Wörtern

Phonologische Bewusstheit

Orthografisches Wissen

Lese- und Rechtschreibstörung

Abb. 9: Erweitertes Ursachenmodell der Legasthenie

sinnvolle Therapie kann erst dann empfohlen werden, wenn klar ist, ob eine Wahrnehmungsstörung – und ggf: welche Form einer Wahrnehmungsstörung – vorliegt.

Nachfolgend wird dargestellt, welche Wahrnehmungsstörungen bei der Legasthenie bereits gefunden wurden (s. Abb. 9 auf dieser Seite). In dem Kapitel zu *Förderung und Therapie* finden Sie ab S. 98 noch mehr zur Bedeutung der Therapie von Wahrnehmungsstörungen.

Neben der auditiven und visuellen Wahrnehmung spielt möglicherweise auch die taktile Wahrnehmung eine Rolle als Ursache für die Legasthenie. Zu diesem Problem gibt es bisher nur vereinzelte Untersuchungen. Da es sich nur um einzelne Studien handelt und die Ergebnisse bisher noch nicht bestätigt wurden, soll hier nicht näher darauf eingegangen werden. Allerdings gibt es aufgrund dieser Arbeiten Hinweise, dass auch die taktile Wahrnehmung bei Legasthenikern gestört sein kann.

Störungen der auditiven Wahrnehmung

Nicht selten wird aufgrund einer zentralen auditiven Wahrnehmungsstörung legasthenen Kindern ein Wahrnehmungstraining empfohlen. Diese Maßnahmen sind jedoch oft nicht hilfreich – weil der Nachweis über den Zusammenhang zwischen einzelnen Bereichen der auditiven Wahrneh-

Die Begriffe *auditive Wahrnehmung* und *zentrale auditive Wahrnehmungsstörung* werden Sie im Zusammenhang mit der Legasthenie sehr oft hören.

mung und Lesen und Rechtschreiben empirisch nicht abgesichert ist. Um die Bedeutung solcher Therapien besser zu verstehen, will ich Ihnen die biologischen Grundlagen dazu vorstellen.

Die Grundlagen der Sprachwahrnehmung

Die Wahrnehmung und Unterscheidung von Sprache stellt eine höchst komplexe Anforderung an das Gehirn. Abb. 10 auf dieser Seite stellte Ihnen in einer Grafik wesentliche Komponenten der Sprache dar. Hierzu gehören so genannte Formanten. Auf der y-Achse der Grafik sehen Sie die Frequenzen aufgetragen. Der Frequenzbereich des menschlichen Hörwahrnehmung ist zwar sehr groß und liegt zwischen 16 und 20.000 Hz, aber besonders gut hören wir in einem Bereich um 4000 Hz. Auf der y-Achse sehen Sie nun zwei Frequenzen (1000 und 2000 Hz) hervorgehoben. Auf der x-Achse sehen Sie den zeitlichen Verlauf der Sprachreize. Hiermit ist gemeint, dass Sprachreize eine gewisse Dauer haben. Die Beschriftung bei dieser Achse endet bei 200 Millisekunden.

In der Grafik sind drei Linien durchgehend eingezeichnet, nämlich die Linie des /da/, /ba/ und /ga/. Der Beginn der Linien für die drei Reize ist unterschiedlich, alle drei Linien enden aber am selben Punkt, dies ist das Ende des Unterschieds zwischen den drei Reizen. Ab diesem Punkt be-

Grafische Darstellung der Formanttransition

Frequenz

/da/
/ba/
2000 /ga/

F3

1000

F2

F1

0   20   40   60   80   100 120 140 160 180 200 ms

Abb. 10: grafische Darstellung von Sprachreizen. (Quelle: Schulte-Körne 2001) ginnt der Vokal /a/, dessen Verlauf bei allen drei Sprachreizen gleich ist. Diese Linien nennt man auch *Formanten*, den zeitlichen Verlauf der Linien *Transition*.

Warum erkläre ich Ihnen das alles? Anhand dieser Abbildung will ich Ihnen verdeutlichen, in welchem kurzen Zeitfenster, nämlich zwischen 20 und 80 Millisekunden, sich der Unterschied zwischen den drei Sprachreizen abbildet. Dies bedeutet, das Gehirn muss diese zeitlichen Verläufe in einer unglaublichen Geschwindigkeit unterscheiden.

An diesem Aspekt setzt die wissenschaftliche Ursachendiskussion an. Nämlich an der Frage, ob Legastheniker in der Lage sind, zeitlich kurze Reize voneinander zu unterscheiden. Dabei geht es nicht um Sprache, sondern nur um die Wahrnehmung von Reizen bzw. Folgen von Reizen.

Um die Frage der Unterscheidung von einfachen Tönen genauer zu untersuchen, haben wir jugendlichen Legasthenikern Sinustöne über Kopfhörer vorgespielt, während sie einen Stummfilm sahen. Ihre Aufgabe war, sich den Film genau anzusehen – nicht aktiv die Töne zu unterscheiden. Während sie den Film sahen, registrierten wir die Gehirnaktivität. Der Vergleich der Aktivierung der Gehirnregionen von Legasthenikern im Vergleich zu nicht betroffenen Jugendlichen zeigte, dass die Gehirnaktivität in beiden Gruppen vergleichbar war. Dies bedeutet, dass das Gehirn der Legastheniker sehr gut kurze Sinustöne unterscheiden kann.

Legastheniker können einfache Sinustöne gut unterscheiden.

Nun könnte es ja sein, dass die Unterscheidung der Sinustöne nicht der bedeutende Aspekt ist, sondern die Wahrnehmung über einen kurzen Zeitraum bedeutsam ist. Dazu haben wir legasthene Kinder und Erwachsene untersucht. Über Kopfhörer bekamen sie ein Rauschen zu hören, das durch eine Lücke unterbrochen wurde (s. Abb. 11 auf S. 76). Die Aufgabe bestand darin, die Lücke im Rauschen zu hören und eine Taste zu drücken. Wenn die zeitliche Verarbeitung von nicht sprachlichen Reizen bei Legasthenikern gestört ist, dann müsste bei den Legasthenikern die Lücke im Rauschen größer sein als bei den nicht Betroffenen.

Dies haben wir eingehend untersucht und fanden weder bei den legasthenen Jugendlichen noch bei den legasthenen Erwachsenen einen Hinweis auf ein zeitliches Verarbeitungsdefizit.

Was bedeuten diese Ergebnisse für die Praxis? Wenn die Grundlagenforschung nicht zeigen kann, dass zeitliche Verarbeitung von nicht sprachli-

Untersuchung zur einfachen Reizunterscheidung

gap = 20 ms

200 ms   200 ms

Abb. 11: Grafische Darstellung der Reize, die zur Untersuchung der zeitlichen Verarbeitskapazität eingesetzt wurden (Quelle: Schulte-Körne et al. 1988a)

chen Reizen mit Lesen und Rechtschreiben zusammenhängt, dann ist es auch nicht notwendig und sinnvoll, solche Fähigkeiten zu trainieren.

Was bedeuten die Untersuchungsergebnisse?

Es ist umstritten, ob die Wahrnehmung von nicht sprachlichem Material, z.B. die Unterscheidung von einfachen Sinustönen, für die Legasthenie wirklich Bedeutung hat. Die Untersuchungsergebnisse hängen hier offenbar wesentlich von dem verwendeten Reizmaterial und der Versuchsanordnung ab, mit der die Wahrnehmungsstörung untersucht wurde. Widersprüchlich sind auch die Befunde zur Wahrnehmung von Sinustönen.

Ebenso widersprüchlich sind auch die Befunde zur Wahrnehmung von Reizfolgen. Man geht davon aus, dass aufgrund der Geschwindigkeit der Folge von einzelnen Reizen Legastheniker nicht in der Lage sind, diese einzelnen Reize zu unterscheiden, wenn sie in rascher Folge vorgespielt werden. Hingegen stellt die Unterscheidung von einzelnen Reizen aus dieser Reizfolge kein Problem für Legastheniker dar. In der Legasthenie-Förderpraxis werden deshalb eine Reihe von Programmen angeboten, die die Unterscheidung von Klängen und Tönen trainieren.

Die wissenschaftliche Basis für diese Förderansätze ist zur Zeit zu gering, um solche Therapieansätze empfehlen zu können.

Nicht alle Bereiche der Wahrnehmung sind bei der Legasthenie gestört. So fällt die Unterscheidung von einfachen Tönen den Legasthenikern nicht schwer. Hingegen sind die Sprachwahrnehmung und -unterscheidung oft beeinträchtigt.

Sprachwahrnehmung bei Legasthenie

Um den Lauten die richtigen Buchstaben zuordnen zu können, müssen wir die einzelnen Bestandteile der Sprache genau unterscheiden. Diese Leistung wird von bestimmten Hirnregionen geleistet, die man bei der Sprachunterscheidung unterscheiden kann.

> **Fallbeispiel: Sprachwahrnehmung im Labor**
>
> Marc hat zusammen mit seiner Schwester einen Termin bei der Arbeitsgruppe Lese-Rechtschreibstörung der Universität Marburg. Seine Mutter hat sich dort gemeldet, weil bei Marc der Verdacht auf eine Legasthenie bestand. Nachdem Marc eingehend untersucht wurde und sich der Verdacht bestätigt hatte, entschied Marc mit seiner Mutter zusammen, an der Studie der Uni Marburg teilzunehmen.
>
> Heute sollen die Gehirnfunktionen bei der Sprachunterscheidung und beim Sehen untersucht werden. Im Untersuchungsraum wird Marc die Aufgabe zunächst erklärt. Auf den Kopf bekommt er eine Haube mit vielen Knöpfen, so genannten Elektroden, welche die Gehirnaktivität registrieren. Am Computermonitor sieht er einen Stummfilm, der ihm Spaß macht. Die Geschichten soll er sich genau anschauen und merken. Gleichzeitig wird er über den Kopfhörer Sprachreize hören, die wie *bat* und *da* klingen. Er soll nicht hinhören, sondern sich ganz auf den Film konzentrieren. Nach einer halben Stunde ist der Film zu Ende, und die Kopfhaube wird wieder abgenommen.

Mit dieser Untersuchungsmethode kann man bereits Babys hinsichtlich ihrer Sprachwahrnehmung untersuchen, auch wenn die Babys meist im Schlaf untersucht wurden und dabei natürlich kein Film gezeigt wird.

Unterschiedliche Gehirnaktivitäten

Die nachfolgende Abbildung zeigt zwei topografische Gehirnkarten von legasthenen Jugendlichen (linke Abb. 12 auf S. 78) bzw. Jugendlichen mit einem ungestörten Schriftspracherwerb (rechte Abb. 12 auf S. 78). Die deutlich rot markierte Fläche steht für eine starke Aktivierung des Gehirns während der Wahrnehmung der unterschiedlichen Sprachreize. Diese Aktivierung ist bei den Legasthenikern deutlich geringer. Die Abbildung verdeutlicht, dass die Unterscheidung der Sprachreize bei den Legasthenikern eine geringere Gehirnaktivierung auslöst.

> **Sprachreize lösen bei den Legasthenikern weniger Impulse aus.**

Abb. 12: Topografische Gehirnkarte bei der passiven Unterscheidung von Sprachreizen

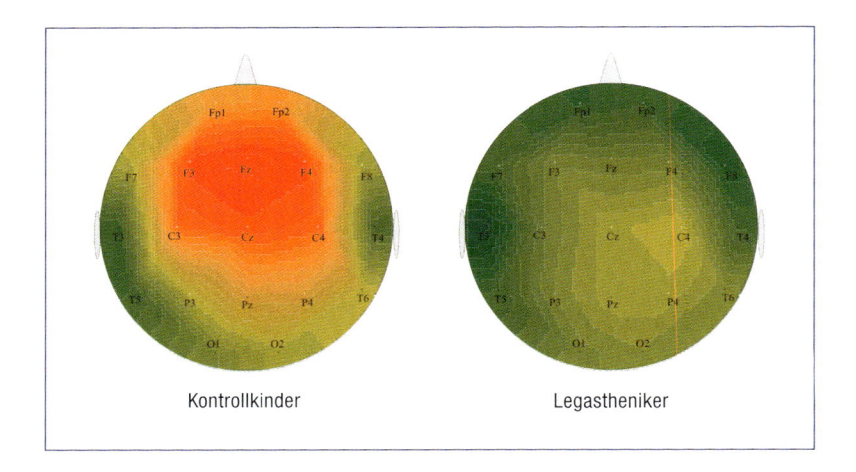

Kontrollkinder　　　　Legastheniker

Untersuchungen zur Unterscheidung von Reimen, Silben und Lauten anhand von bildgebenden Verfahren zeigen, dass über der linken Hirnhälfte in den Bereichen des akustischen Cortex (Schläfenlappen) bei Legasthenikern eine geringere Gehirnaktivität vorliegt.

Neben diesen so genannten funktionellen Störungen gibt es auch Untersuchungen zur Struktur von einzelnen Gehirnregionen bei der Legasthenie. Am bekanntesten hierzu sind die Untersuchungen zum *Planum temporale*. Das Planum temporale gehört zu den Gehirnregionen, die wesentlich an der Sprachwahrnehmung und der auditiven Informationsverarbeitung beteiligt sind. Bei der überwiegenden Anzahl der rechtshändigen Menschen ist das Planum temporale der linken Gehirnhälfte größer als das der rechten, weshalb auch die linke Gehirnhälfte als die sprachdominante bezeichnet wird.

Bei einzelnen verstorbenen Legasthenikern hat man gefunden, dass die Plana temporalia beider Hemisphären gleich groß oder das Planum temporale der rechten größer als das der linken Gehirnhälfte war. Hieraus wurde die Vermutung abgeleitet, dass die auditive Wahrnehmung deshalb bei den Legasthenikern gestört ist, weil das Planum temporale der linken Gehirnhälfte nicht ausreichend entwickelt ist. Diese Gehirnasymmetrie scheint aber nur dann vorzuliegen, wenn die Legastheniker zusätzlich eine deutliche Sprachentwicklungsstörung haben.

Störungen der visuellen Wahrnehmung

Vergleichbar den Untersuchungen zur auditiven Wahrnehmung, kann man bei den visuellen Störungen verschiedenen Prozessebenen unterscheiden.

Die Bedeutung der Blickbewegung

Um Wörter zu lesen, muss das Auge für kurze Momente still stehen (Fixation), um Wörter oder Wortbestandteile (Buchstaben, Silben) auf der Netzhaut abzubilden. Um im Lesetext das nächste Wort zu lesen, führt das Auge Blicksprünge (Sakkaden) aus. Diese sind unterschiedlich weit, im Durchschnitt bis zu sieben Buchstaben. Diese Sprünge sind am häufigsten in die Leserichtung (nach rechts in der Zeile), oft springt das Auge aber auch zurück (Regressionen), fast so, als wolle das Auge kontrollieren, was es zuvor schon oder noch nicht wahrgenommen hat. Die Fixation dauert durchschnittlich 200 Millisekunden (ms), die Blicksprünge sind deutlich kürzer. Nahe liegend war es nun, die gestörten Blickbewegungen als eine Ursache der Legasthenie anzunehmen. Aber das wäre nicht richtig, denn die Blickbewegungen hängen mit der Leseerfahrung zusammen. Leseanfänger zeigen eine vergleichbare Blickbewegung wie die Legastheniker. So könnte allein die mangelnde Leseerfahrung der Legastheniker die beobachteten Auffälligkeiten erklären, ohne dass ursächlich eine Störung vorhanden ist.

Was beim Lesen geschieht

Wenn Sie lesen, werden die auf Ihre Netzhaut projizierten Wörter von zwei großen Gruppen der Nervenzellen weiterverarbeitet. Aufgrund ihrer Größe spricht man von großzelligen (magnozellulären) und kleinzelligen (parvozellulären) Nervenzellen. Diese Nervenzellen und ihre Nervenbahnen ziehen bis zum visuellen Großhirn, das im Wesentlichen den Hinterhauptslappen bildet. Die großzelligen und kleinzelligen Nervenzellen bilden Bündel von Nervenfasern, die sich weit durch das Gehirn fortsetzen. Die Funktionen dieser Nervenbündel sind unterschiedlich.

Die großzelligen Nervenzellen reagieren besonders auf schnell bewegte Reize, sind wahrscheinlich für Erfassung von globaleren Bildinhalten verantwortlich und erfassen auch Reize mit niedrigem Kontrast.

> **Die Bedeutung der zentralen visuellen Wahrnehmung ist im Vergleich zur auditiven Wahrnehmung weniger intensiv untersucht, obwohl die Legasthenie offenbar zuerst von Augenärzten beschrieben wurde.**

> **Große und kleine Zellen machen den Unterschied beim Sehen aus!**

Die kleinzelligen Nervenzellen regieren auf stehende Reize, reagieren eher auf Details und weisen eine hohe Kontrastsensitivität aus. Aufgrund ihrer spezifischen Eigenschaften lassen sich die Funktionen der zwei unterschiedlichen Nervenzelltypen recht gut untersuchen.

Steuerung der visuellen Aufmerksamkeit

Bei Legasthenikern findet man immer wieder Hinweise für Störungen der Funktionen der großzelligen Nervenzellen.

Die großzelligen Nervenzellen von Legasthenikern reagieren deutlich verlangsamt, und zwar vor allem auf sich schnell bewegende Reize. Unterstützt werden diese Befunde durch Untersuchungen an Gehirnen verstorbener Legastheniker. Man hat die Nervenzellverbände von groß- und kleinzelligen Nervenzellen genauer betrachtet und bei vielen Legasthenikern eine weniger geordnete Zellstruktur und weniger großzellige Nervenzellen gefunden.

Aber es gibt auch widersprechende Befunde, bei denen kein Funktionsdefizit großzelliger Nervenzellen bei Legasthenikern entdeckt wurde.

In jedem Fall ist die Verbindung der Funktionen des großzelligen Systems zum Lesen und Rechtschreiben bisher kaum verstanden. Eine Hypothese ist, dass visuelle Aufmerksamkeit eine große Rolle für das Lesen spielt und dass das magnozelluläre System auch eine bedeutende Funktion zur Steuerung von visueller Aufmerksamkeit hat.

Aktivierung des Sehzentrums

Der Legasthenie liegen Hirnfunktionsstörungen zugrunde. Zentren der visuellen Wahrnehmung werden beim Wortlesen von Legasthenikern verspätet oder gar nicht aktiviert.

Untersuchungen zur Wahrnehmung von Wörtern mit bildgebenden Verfahren zeigen bei Legasthenikern eine deutlich spätere Aktivierung des Sehzentrums. Diese Auffälligkeiten zeigen sich – das ist das Besondere – allein bei der Wahrnehmung von Wörtern, nicht bei visuellen Zeichen, die keine Buchstabeninformationen haben. Bei der Untersuchung von Legasthenikern finden sich keine Hinweise für eine generell gestörte visuelle Wahrnehmung.

Fallbeispiel: Was geschieht im Gehirn bei der visuellen Wahrnehmung?

Im zweiten Teil der Untersuchung löst Marc Aufgaben zur visuellen Wahrnehmung. Auch bei dieser Aufgabe trägt er die Haube auf dem Kopf, mit deren Hilfe die Gehirnaktivität registriert wird. Der Untersuchungsraum ist verdunkelt, damit Marc die visuellen Reize auf dem Bildschirm gut erkennen kann.

Die Aufgaben werden ihm erklärt. Auf dem Bildschirm sieht er ein kleines Kreuz, auf das er während der Untersuchung immer schauen soll. Zwischendurch erscheint ein Kreis mit Strichen, der sich mit unterschiedlicher Geschwindigkeit über den Bildschirm bewegt. Marc soll nun erkennen, in welche Richtung sich der Kreis bewegt. Bei der Bewegung nach links soll er die linke Taste der Computermaus drücken, bei einer Bewegung nach rechts die rechte Maustaste.

Marc findet die Aufgabe sehr einfach und fragt, wie es weitergeht. Bei der nächsten Aufgabe sieht er auf dem Computerbildschirm viele weiße Punkte, die sich anscheinend wahllos hin und her bewegen. Marc soll wieder genau hinschauen, denn hin und wieder würden sich einzelne Punkte gleichzeitig in eine Richtung bewegen. Dies solle er erkennen und entsprechend der Bewegung nach links oder rechts die Computermaustaste drücken. Diese Aufgabe ist nun deutlich schwieriger, da Marc nicht immer sicher ist, ob sich die Punkte gemeinsam bewegt haben.

Nach Abschluss der 10-minütigen Untersuchung fragt Marc die Untersucherin, ob man immer Bewegungen hätte sehen müssen. Sie erklärt, dass sich manchmal weniger, manchmal mehr Punkte bewegt haben und dass es wirklich schwierig sei, die Bewegung der wenigen Punkte zu erkennen.

Auch die Annahme, Legastheniker würden in dem Lesen und Rechtschreiben typische Wahrnehmungsfehler produzieren, z.B. visuell ähnliche Buchstaben wie b und p, lässt sich nicht beweisen. Viele als Legasthenie-typische Fehler bezeichnete Falschschreibungen treten im Verlauf der Schriftsprachentwicklung bei allen Kindern auf. Legastheniker schreiben ein Wort zwar wiederholt falsch, jedoch besteht keine Konstanz hinsichtlich der Fehler. Daher sind bisher alle Versuche, die Legasthenie anhand von Fehlerkategorien in Untergruppen aufzuteilen, gescheitert.

Weiterhin werden bei Nicht-Legasthenikern beim Wortlesen auch die Hirnareale aktiviert, in denen visuelle grafische Informationen mit auditiven lautlichen Informationen gekoppelt werden; man liest also das Wort und weiß gleichzeitig, wie es klingt. Diese Koppelung findet bei Legasthenikern nicht statt: Das gelesene Wort ist stumm.

Diese Befunde unterstreichen die Bedeutung neurophysiologischer Prozesse für das Wortlesen und zeigen, dass bei der Legasthenie zentralnervöse Prozesse gestört sind.

Die visuelle Wahrnehmung ist bei der Legasthenie nicht grundsätzlich gestört, sondern nur die Wahrnehmung von Wortmaterial. Daher ist auch das Training von visueller Wahrnehmung ganz allgemein nicht sinnvoll!

Arbeitet das Gehirn bei der Legasthenie anders?

Das menschliche Gehirn ist für viele Funktionen des Sehens und Hörens und der Verarbeitung dieser Informationen in der Weise spezialisiert, dass die Aufgaben auf verschiedene Gehirnregionen verteilt sind, die miteinander in enger Verbindung stehen. In der Tabelle auf dieser Seite sind die wichtigsten Hirnregionen für den Schriftsprachprozess aufgeführt und ihre Störungen bei der Legasthenie beschrieben.

Funktionen der Gehirnregionen und Auffälligkeiten bei der Legasthenie

Gehirnregion	Funktionen	Auffälligkeiten bei der Legasthenie
Hinterhauptslappen/ Visueller Cortex	Wahrnehmung von Zeichen, Buchstaben, Farb- und Bewegungswahrnehmung, Wahrnehmung von Kontrast und Raumfrequenz	Deutlich verzögerte Reaktion der Neurone des linken Hinterhauptslappens beim Lesen von Wörtern; keine geringere Aktivierung beim Unterscheiden von Zeichen; geringere Aktivierung beim Erkennen von sich schnell bewegenden Reizen
Temporallappen	Wahrnehmung und Verarbeitung auditiver Informationen, von Frequenz und Amplitude von Sinustönen, von einzelnen Lauten, Lautkombinationen, Reimen und Silben	Geringere Aktivierung von Neuronen der linken Hemisphäre bei Sprachreizen (Laute, Reime, Silben)
Parietallappen	Steuerung von Aufmerksamkeit bei auditiver und visueller Wahrnehmung, Verbindung von visueller und auditiver Information	Bei Aufgaben, die eine Buchstaben-Laut-Zuordnung und umgekehrt erfordern (auch Wortlesen), geringere Aktivierung über linke Hemisphäre; geringere Aktivierung bei Aufgaben, die eine hohe Aufmerksamkeitssteuerung erfordern
Frontallappen	Motorische Sprachsteuerung, Steuerung, Planung und Kontrolle von Handlungen	Erhöhte Aktivierung von umschriebenen Gehirnarealen der linken Hemisphäre bei der Sprachunterscheidung
Kleinhirn	Steuerung des Bewegungsablaufs, der motorischen Koordination	Widersprüchliche Befunde; in einzelnen Studien Minderaktivierung einzelner Regionen des Kleinhirns

Es liegen eine Reihe von funktionellen, bildgebenden Untersuchungen zur Legasthenie vor. Bei diesen Untersuchungen bekommen die jugendlichen Legastheniker Aufgaben, bei denen sie Laute, Silben und Reime unterscheiden sollen. Um die Gehirnfunktionen während dieser Aufgaben zu registrieren, liegen die Jugendlichen in einer Röhre (Magnetresonanztomogramm). Nun wird der Aktivitätsunterschied der Nervenzellen zum Beispiel bei einer auditiven Unterscheidungsaufgabe verglichen mit einer Kontrollaufgabe.

Bei den Legasthenikern wurde wiederholt eine geringere Aktivierung von bestimmten Gehirnregionen der linken Gehirnhälfte gefunden. Hierzu gehören der Schläfen- (Temporal-) und der Scheitellappen (Parietallappen), die beide eine wichtige Funktion in der auditiven Informationswahrnehmung und -verarbeitung ausüben. Diese Befunde sind recht stabil, da man sie sowohl bei legasthenen Kindern und Jugendlichen als auch bei Erwachsenen gefunden hat.

Auch der Vergleich mit anderen Sprachen (Italienisch, Englisch, Deutsch) zeigt, dass diese Minderaktivierung spezifischer Gehirnregionen bei Legasthenikern in den anderen Sprachen ebenso gefunden wurde.

> **Legasthenie gibt es in allen europäischen Sprachen. Der genaue Vergleich der Gehirnfunktionen von Legasthenikern verschiedener Sprachen zeigt, dass die Funktionsstörungen bei italienisch- und englischsprachigen Legasthenikern in denselben Hirnregionen vorliegen.**

Neuropsychologische Untersuchungen

Zu dem neuropsychologischen Untersuchungsbereich gehört auch die Untersuchung von Hirnfunktionen. Im Vordergrund stehen hier die Lautunterscheidungsfähigkeit, das Wissen über die orthografischen Prinzipien der Rechtschreibung und die Bedeutung von Lernen und Gedächtnis für die Legasthenie.

Bedeutung der Lautwahrnehmung und -unterscheidung (phonologische Bewusstheit)

> **Fallbeispiel: Untersuchung der phonologischen Bewusstheit**
>
> Am nächsten Tag werden in Marburg die weiteren Tests durchgeführt. Marc ist schon gespannt, welche interessanten Aufgaben er heute bearbeiten kann. Die Untersucherin erklärt, dass es heute um die so genannten neuropsychologischen Tests geht, und führt ihn in einen anderen Untersuchungsraum.

Nachdem die Untersucherin den Computer gestartet hat, bekommt Marc einen Kopfhörer aufgesetzt. Er bekommt Aufgaben, um seine phonologischen Fähigkeiten zu überprüfen. Zuerst hört er einzelne Wörter, die er laut wiederholt. Dann soll er sagen, wie viele Laute das Wort enthält. Zu Beginn wird diese Aufgabe geübt. Um die Aufgabe zu erleichtern, bekommt Marc Spielsteine. Für jeden Laut legt er einen Spielstein. Weitere Aufgaben zur Lautunterscheidung, zum Speichern von Lauten im Gedächtnis folgen.

Nach einer kurzen Pause erklärt die Untersucherin Marc eine weitere Aufgabe, mit der sein orthografisches Wissen überprüft werden soll. Jetzt hört Marc mit dem Kopfhörer einzelne Wörter, die er bereits kennt. Anschließend zeigt die Untersucherin eine Karte, worauf ein Wort geschrieben ist. Marc soll entscheiden, ob das geschriebene Wort die richtige Schreibweise des gehörten Wortes zeigt.

Nach ein paar Übungsbeispielen geht der Test los. Marc findet es gar nicht einfach zu entscheiden, ob das Wort auf der Karte das richtige ist. Nach ein paar Minuten ist der Test zu Ende, und Marc hat sich eine Belohnung verdient, die er sich bei der Untersucherin aussuchen darf.

Untersuchungen zur phonologischen Bewusstheit bei der Legasthenie

1. Nichtwortlesen	*1. Lies das Wort »Tiab« laut vor!*
2. Laute-Streichen	*2. Welches Wort hörst du, wenn du den ersten Laut weglässt?*
3. Laute-Trennen	*3. Aus welchen Lauten besteht »kimblu«?*

- hohe Korrelation mit Lesen und Rechtschreibung
- unabhängig vom Alter und der Sprache
- Förderung im Kindergarten verbessert das Lesen und Schreiben

Abb. 13: Beispiel für die Überprüfung von phonologischer Bewusstheit und Zusammenfassung der Bedeutung von phonologischer Bewusstheit für die Legasthenie

Der Begriff *phonologische Bewusstheit* steht für die Fähigkeit, einzelne Laute zu unterscheiden, sie im Gedächtnis abzuspeichern, aus dem Gedächtnis abzurufen und mit einzelnen Lauten zu arbeiten. Dieses Konstrukt gehört zu den am meisten untersuchten Fähigkeiten in der Legasthenieforschung. Studien in verschiedenen Sprachen konnten wiederholt zeigen, dass phonologische Fähigkeiten von großer Bedeutung für den Beginn des Schriftspracherwerbs sind. Daher sollte man bei Kindern, die ein Risiko haben, eine Legasthenie zu entwickeln, phonologische Fähigkeiten im Kindergartenalter fördern (s. S. 137–139).

Lautunterscheidung und die Speicherung von Lauten im Gedächtnis sind wichtige Voraussetzung für das Lernen des Lesens und Rechtschreibens.

Bedeutung von orthografischem Wissen

Orthografisches Wissen ist – vergleichbar der phonologischen Bewusstheit – ein Konstrukt für verschiedene Fähigkeiten, die alle unter diesem Begriff zusammengefasst werden (s. Abb. auf dieser Seite). Orthografische Fähigkeiten werden beim Lernen der Schriftsprache erworben. Neue Untersuchungen zeigen, dass Kinder bereits vorschulisch durch den Kontakt mit Schrift orthografisches Wissen erwerben. Woher weiß man das? In Frankreich stellte man Kinder vor die Aufgabe auszuwählen, welches von zwei gezeigten Wörtern am wahrscheinlichsten zur französischen Sprache gehört. Die Kinder wählten die Wörter, die der französischen Orthographie besser

Schon Kinder, die nicht lesen und schreiben können, haben eine Vorstellung davon.

Orthografisches Wissen ist ein Konstrukt für

- die Fähigkeit, abstrakte Regeln der Sprache zu erkennen
- wortspezifisches Gedächtnis
- Wissen über statistische Eigenschaften von Buchstabenkombinationen

Seehund Seehunt

Abb. 14: Beispiel für einen Test zur Überprüfung von orthografischem Wissen und zusammenfassende Darstellung zur Bedeutung des Begriffs *orthografisches Wissen* entsprachen. Das Ergebnis ist deshalb von besonderem Interesse, da die Kinder noch nicht im Lesen und Schreiben unterrichtet wurden.

Orthografisches Wissen stellt eine weitere wesentliche Voraussetzung für den erfolgreichen Schriftspracherwerb dar. Daher wundert es auch nicht, dass legasthene Kinder und Erwachsene ein geringeres orthografisches Wissen haben.

Lernen und Gedächtnis

Schreiben und Lesen sind Fertigkeiten, die jeder Mensch lernen muss. Anders als die Sprache, die wir in den ersten Lebensjahren ohne eine spezifische Unterrichtung erwerben, müssen Lesen und Rechtschreiben durch die Vermittlung von Wissen und durch Strategien, das Wissen anzuwenden, erlernt werden.

Nicht jedes Üben hilft bei der Legasthenie.

Fallbeispiel: Üben, üben, üben!

Martins Mutter übt regelmäßig mit ihrem Sohn, um seine Rechtschreibung zu verbessern. Die Zeiten für das Üben sind in den letzten Wochen ständig länger geworden. Jeden Tag diktiert die Mutter Martin die Lernwörter, die im nächsten Diktat vorkommen sollen. Nach intensivem Üben hat es Martin am Nachmittag vor dem Diktat nun geschafft, die einzelnen Wörter richtig zu schreiben.

Als Martin das Diktat schreibt, ist er nicht mehr so sicher, wie er die Lernwörter richtig schreibt. Vier Tage später wird die Note für das Diktat bekannt gegeben. Martin ist entsetzt. Dass er so schlecht abschneiden würde, hatte er nicht erwartet. Er hat mehr als die Hälfte der Lernwörter falsch geschrieben. Als er nach Haus kommt und seine Mutter das Diktat sieht, ist sie sehr enttäuscht. Vor allem aber versteht sie nicht, dass Martin die Lernwörter, obwohl er sie am Tag zuvor richtig schreiben konnte, im Diktat wieder falsch geschrieben hat.

Fallbeispiel: Wie arbeitet das Gehirn beim Lernen?

Die 12-jährige Sarah ist Legasthenikerin und nimmt an einer Untersuchung zum Lernen und Gedächtnis an der Klinik für Kinder- und Jugendpsychiatrie und -psychotherapie der Universität Marburg teil. Die Untersucherin erklärt Sarah, dass sie drei Wörter, die sie bisher noch nie gesehen hat, sich einprägen und dann auf dem Computer richtig schreiben soll. Beim ersten Mal gelingt es Sarah noch nicht, alle drei Wörter richtig zu erinnern. Sie wiederholt die Aufgabe. Nachdem sie dreimal nacheinander die Wörter richtig geschrieben hat, wird ihr auf dem Computermonitor immer ein Wort gezeigt. Sarah soll entscheiden, ob dieses Wort zu den gelernten gehört oder nicht. Während Sarah diese Aufgabe löst, wird ihre Hirnaktivität mit Elektroden, die in einer Kappe befestigt sind, registriert.

Nach diesem Test bekommt Sarah eine neue Aufgabe. Auf dem Bildschirm sieht sie nun Punkte, die in einem Gitter angeordnet sind (s. Abb. 15 auf dieser Seite). Sarah soll sich die Position der Punkte in dem Gitter einprägen. Anschließend werden die Punkte ausgeblendet, und sie sieht drei leere Gitter auf dem Bildschirm. Nun soll sie die Punkte an die entsprechenden Stellen im Gitter einfügen. Nachdem Sarah dies dreimal in Folge richtig gelungen ist, beginnt die zweite Testphase.

Wie zuvor bei den Wörtern soll Sarah entscheiden, welches von den gezeigten Kästchen mit Punkten zu denen gehört, die sie zuvor gelernt hat. Parallel dazu wird wieder die Hirnaktivität aufgezeichnet. Nach einer Stunde Untersuchung hat Sarah eine Pause.

Nach ungefähr zwei Stunden wird der Test wiederholt. Die Untersucherin erklärt Sarah, dass sie wissen will, wie gut Sarah sich noch an die Wörter und die Position der Punkte erinnern kann.

> **Erst in der letzten Zeit beschäftigt sich die Forschung mit der Untersuchung von Lernprozessen bei der Legasthenie.**

Untersuchung zum Lernen und Gedächtnis bei der Legasthenie (Schulte-Körne et al. 2004c)

- **Phase 1:**
  Lernen der Rechtschreibung von Pseudowörtern und grafischen Mustern

- **Phase 2:**
  Wiedererkennen der gelernten Wörter und grafischen Muster

  - GIMO
  - BATU
  - MOFO

- **Phase 3:**
  Wiederholungsmessung nach zwei Stunden

Abb. 15: Untersuchungsaufbau und Lernmaterial der Untersuchung zum Lernen und Gedächtnis bei der Legasthenie (Quelle: Schulte-Körne et al. 2004c)

Die in dem Fallbeispiel durchgeführte Untersuchung beschäftigt sich mit der Gehirnaktivität beim Wiedererkennen von gelernten Wörtern und grafischem Material. Aufgrund der Erfahrung, dass Legastheniker nicht so gut in der Lage sind, gelernte Wörter richtig zu schreiben, wurde in dieser Studie untersucht, ob Gründe hierfür in den Gehirnfunktionen zu finden sind.

Die Untersuchungsergebnisse zeigen, dass die Jugendlichen dieser Studie gut in der Lage waren, diese Wörter zu erlernen und richtig zu schreiben. Wenn man sich nun die Hirnfunktionen beim Wiedererkennen bzw. der Unterscheidung von Wörtern als gelernte bzw. nicht gelernte Wörter anschaut, sieht man, dass bestimmte Gehirnregionen bei den Legasthenikern ein anderes Aktivierungsmuster zeigen.

Abb. 16 auf dieser Seite zeigt die Gehirnaktivität beim richtigen Wiedererkennen der gelernten Wörter. In der oberen Zeile ist die Gehirnaktivität der nicht Betroffenen zu sehen, in der unteren Zeile die der Legastheniker. Drei Karten im zeitlichen Ablauf von 460–66 ms (Millisekunden) sind gezeigt. Um 560 ms sieht man die deutlich stärkere Aktivierung bei den Kontrollkindern in Form einer roten Fläche. Im Vergleich sieht man diese Aktivierung bei den Legasthenikern nicht.

**Hirnkarten: Obere Zeile: nicht Betroffene
Untere Zeile: Legastheniker**

460 ms   560 ms   660 ms

-5,5 µV   0 µV   9,0 µV

Abb. 16: Darstellung des Ergebnisses der Lernuntersuchung anhand von topographischen Hirnkarten Hier: Wort-Wiedererkennen

Wenn man dieses Ergebnis mit dem der grafischen Symbole vergleicht, so kann man sehen, dass sich die Gehirnaktivität nicht unterscheidet (s. Abb. 17 auf dieser Seite). Um 670 ms ist über den Gehirnarealen bei den Legasthenikern und den Kontrollkindern eine ausgeprägte rote Fläche zu sehen. Sie zeigt, dass bestimmte Hirnareale beim Wiedererkennen des gelernten grafischen Materials in beiden Gruppen gleich stark aktiviert sind.

> **Grafische Symbole erkennen Legastheniker ebenso gut wie nicht Betroffene. Nur mit den Buchstaben haben sie Probleme.**

**Hirnkarten: Obere Zeile: nicht Betroffene
Untere Zeile: Legastheniker**

576 ms   676 ms   776 ms

-5,5 µV   0 µV   7,5 µV

Abb. 17: Darstellung des Ergebnisses der Lernuntersuchung anhand von topografischen Hirnkarten Hier: Wiedererkennen von grafischem Material

Was bedeutet diese Untersuchung?

Dass das Lernen und die Abspeicherung des Gelernten bei der Legasthenie eine Rolle spielt, ist aufgrund der täglichen Erfahrungen mit legasthenen Kindern zu erwarten. Diese Studie konnte zeigen, dass hier wahrscheinlich eine Funktionsbeeinträchtigung bestimmter Hirnregionen vorliegt, die wir nennen können. Beteiligt sind Regionen des temporalen und parietalen Cortex.

Wenn man das Wiedererkennen der grafischen Muster mit dem Wiedererkennen der Wörter vergleicht, wird deutlich, dass die Gehirnaktivität sich nur bei den Wörtern zwischen den Gruppen unterscheidet. Das Lernen von grafischem Material bereitet den Legasthenikern kein Problem; die

Gehirnaktivität unterscheidet sich bei diesen Reizen nicht zwischen den Gruppen.

Für die klinische Praxis bedeutet dies, dass die Förderung, die auf der Unterscheidungsfähigkeit von grafischen Mustern aufbaut, nicht sinnvoll ist, weil Legastheniker das bereits sehr gut beherrschen.

Bedeutung von Umweltfaktoren

Die Schule

Die Bedeutung von schulischen Faktoren für die Legasthenie ist vorläufig vergleichsweise schlecht untersucht. Hier gibt es ein Forschungsdefizit.

Solange die Schule bei der Untersuchung der Legasthenie nicht als Faktor einbezogen wird, wird weiterhin die Ursache der Legasthenie nur beim Kind und in seinem familiären Umfeld gesucht werden.

Schulvergleichende Untersuchungen geben Hinweise auf die Bedeutung des Faktors Schule für die Häufigkeit der Legasthenie. Diese Studien erbrachten zwei wichtige Ergebnisse. Erstens schwankt das Lese- und Rechtschreibniveau zwischen Schülern einer Klassenstufe innerhalb einer Schule erheblich; es kann also sein, dass die Klasse 2a einer Schule wesentlich besser lesen kann als die 2b. Und zweitens kann auch der Unterschied zwischen den Schulen sehr groß sein.

Beide Ergebnisse weisen auf die mögliche Bedeutung der Lehrerpersönlichkeit und der Art der Unterrichtung hin. Die aktuelle Diskussion um die Ergebnisse der ländervergleichenden Schuluntersuchungen PISA (*Program for International Student Assessment*) und IGLU (*Internationale Grundschul-Lese-Untersuchung*) hat die Diskussion und die Forderung nach Bildungsstandards verstärkt. Diese Forderung trägt der Beobachtung Rechnung, dass der Schriftspracherwerb in deutschen Schulen sehr uneinheitlich und oft nicht nach empirisch überprüften Methoden erfolgt.

Bedeutung der Unterrichtsmethode

Die Ganzwortmethode ist für legasthene Kinder weniger gut geeignet.

In den 60er- und 70er-Jahren des letzten Jahrhunderts gab es eine umfangreiche Kontroverse, ob und wie die Unterrichtsmethodik des Erstleseunterrichts sich auf die Lese- und Rechtschreibentwicklung auswirkt. Viele Eltern waren stark verunsichert, ob die Ganzwortmethode – im Gegensatz zu der synthetischen Methode, bei der zunächst die Buchstaben einzeln eingeführt werden – ein adäquates Mittel für die Vermittlung der Lese- und Rechtschreibfähigkeit war. Die Diskussion über Methoden des Erstlese- und -rechtschreibunterrichts hält noch an.

Ganzheitlicher oder synthetischer Ansatz?

Die *Ganzwortmethode* erfordert von den Kindern das Erfassen eines Wortes, ohne die Bestandteile (einzelne Buchstaben) zu kennen. Zum Beispiel wird ein Bild vorgelegt und das Kind aufgefordert, dem Bild das entsprechende Wort in geschriebener Form zuzuordnen. Ziel ist es, dem gesprochenen Wort ein Schriftbild gegenüberzustellen und zuzuordnen. Erst im Anschluss an diese Lernphase wird mit der Wortdurchgliederung begonnen. Dazu werden die bereits bekannten Wörter verwendet, um die Buchstabenbestandteile des Wortes zu erarbeiten.

»Ganzwortmethode«

Der Begriff Ganzwortmethode ist durch den Begriff *ganzheitlicher Sprachansatz* abgelöst worden. Hiermit ist das Konzept verbunden, dass der Schriftspracherwerb analog zum Spracherwerb abläuft. Dies bedeutet, dass die Kinder selbst aktiv und selbstständig lernen sollen und die Instruktion und Anleitung eher von untergeordneter Bedeutung sind. Die Kinder werden angeregt, Schriftsprache als kommunikatives Mittel zu entdecken und anzuwenden. Sie sollen sich selbstständig bemühen, Texte zu entziffern, Schreibung für Mitteilungen zu entwickeln und Schriftsprache als Hilfsmittel für die Kommunikation zu verwenden.

Dieses Vorgehen ist dementsprechend mit einem systematischen Unterricht nicht vereinbar, weshalb dieser Ansatz kritisiert wurde. Vor allem der fehlende Unterrichtsplan einschließlich einer klaren Struktur, wie Kinder das Lesen erlernen sollen, ist auf Widerspruch gestoßen.

Im Gegensatz zum ganzheitlichen Sprachansatz vermittelt der *synthetische Ansatz* in systematischer Weise den Kindern die Buchstaben-Laut-Zuordnung als Grundlage des Lesenlernens. Aufbauend auf einem beschränkten Wortschatz, der sich nach den geübten Buchstaben-Laut-Zuordnungen richtet, wird die Wortlesefähigkeit trainiert. Dieser Ansatz ist stark lehrerzentriert, da durch den Lehrer sowohl die Auswahl der Buchstaben-Laut-Zuordnung als auch das Wortmaterial vorgegeben wird. Dieser Ansatz wird von vielen Fibeln unterstützt, die ihm folgen, nacheinander einzelne Buchstaben einführen und damit verbunden das Wortmaterial vorgeben.

»Buchstabenmethode«

Welche Unterrichtsmethode ist für Legastheniker geeignet?

Wenn die Art der Unterrichtung eine große Bedeutung für den Schriftspracherwerb hat, so ist zu erwarten, dass auch für Legastheniker möglicherweise eine bestimmte Form der Unterrichtung von Vorteil ist. Leider wurden in Deutschland in den letzten dreißig Jahren kaum Studien zur Bedeutung von unterschiedlichen Unterrichtsmethoden durchgeführt. Im Wesentlichen beruht unser Wissen hierzu auf Studien aus den 60er-Jahren. Zum damaligen Zeitpunkt verglich man die Ganzwortmethode, die auf dem Lesen von Wörtern als Ganzes beruht (analytische Methode), mit der synthetischen Methode, die ausgehend von den einzelnen Buchstaben systematisch die Buchstaben-Laut-Zuordnung vermittelt.

Der Vergleich der Methoden zeigte für die Kinder der ersten Klassen eine Überlegenheit der synthetischen Methode. Gerade legasthene Kinder können besser von einer synthetischen Methode profitieren, die systematisch den Buchstaben-Laut-Zusammenhang vermittelt.

Der Methodenunterschied blieb aber nicht bis zum Ende der Grundschulzeit bestehen, sodass man zu dem Schluss kam, dass beide Methoden möglicherweise gleichbedeutend für den Erwerb der Schriftsprache sind. Allerdings bestand bei der analytischen Methode ein Nachteil für schwächer begabte Schüler, weil sie mehr intellektuelle Fähigkeiten erfordert.

Empfehlungen für den Unterricht

Generell ist zu empfehlen, dass die Buchstabenkenntnis in Verbindung mit der Vermittlung der Buchstaben-Laut-Zuordnung ein wesentlicher Bestandteil des frühen Schriftspracherwerbs sein sollte. Den Kindern sollte die Systematik der Sprache vermittelt werden. Dies bedeutet das Wissen und Verständnis um die Laute und Lautstruktur von Wörtern (wie z. B. *b-l-u-m-e* für *Blume*). Allerdings sollte die lautliche Strukturierung mit der Zuordnung von Buchstaben zu Lauten verbunden werden. Hierzu gehört auch die Vermittlung der Strukturierung der Schriftsprache anhand von Silben (z. B. Silbendurchgliederung im Wort *Treppenstufe*: *Trep-pen-stu-fe*). Auch können so genannte Reimähnlichkeiten als Prinzip der Verschriftlichung eingeführt werden. Zum Beispiel haben *Haus* und *Maus* denselben Reim, *-aus*. Die Reimähnlichkeit bedeutet, dass diese Wörter gleich ausgesprochen und auch gleich verschriftlicht werden.

Ferner erweist sich ein Training von phonologischen Fähigkeiten in der ersten Klasse als sinnvoll, um die Leseleistung zu verbessern. So zeigt eine Untersuchung an Grundschülern der ersten Klasse, dass ein Training, das im Wesentlichen auf das Frühförderprogramm *Hören, lauschen, lernen* (s. S. 137–139) aufgebaut ist und in den schulischen Unterricht integriert wurde, sich positiv auf die Leseleistung am Ende der ersten Klasse und

> **Der Einsatz von phonologischem Training im Unterricht ist erwiesenermaßen sinnvoll.**

Mitte der zweiten Klasse auswirkt. Auf die Rechtschreibleistung hingegen zeigte sich kein Effekt.

Für die Verbesserung der Rechtschreibleistung gibt es zurzeit keine klare Aussage, welche Unterrichtsmethode zu bevorzugen ist. Allerdings zeigte sich, dass sich ein systematischer Rechtschreiblehrgang mit Beginn in der ersten Klasse positiv auf die Entwicklung der Rechtschreibleistung auswirkt.

Handzeichen (Lautgebärden), auch eine Hilfe für Legastheniker?

Für einige Kinder ist es besonders schwierig, die Buchstaben-Laut-Zuordnung zu lernen. Daher werden seit vielen Jahren zur Unterstützung dieses Lernprozesses so genannte *Handzeichen* verwendet.

Das sind Gesten oder Lautgebärden, die entweder für einen Laut stehen oder einen Laut symbolisieren. Zum Beispiel steht jede Lautgebärde für einen Buchstaben. Die Zuordnung von Geste zu Buchstaben ist abhängig von dem verwendeten System und unterschiedlich. Lautgebärden und Handzeichen werden einerseits als Gedächtnisstütze und andererseits zur Strukturierung der Lautfolge von Wörtern verwendet. Aus Daumen- und Fingerstellung werden z.B. einzelne Buchstaben nachgeformt, andere Lautgebärden verbinden eine Mund- und Atembewegung mit einer Handbewegung. Durch die Integration einer Mundbewegung wird die Sensibilität für die Einzellaute gestärkt, z.B. bei Plosivlauten wie *p*, *t* und *k* das »Explodieren« des Lautes. Auch Lautgebärden in Form von Fotografien der Mundbewegung werden eingesetzt.

Trotz der Popularität dieser Methode konnte ein spezifischer Therapieeffekt bisher nicht nachgewiesen werden. Der Einsatz in der ersten Klasse ist umstritten, da er recht aufwändig ist und möglicherweise selbst für Legastheniker kein spezifischer Lerneffekt zu erwarten ist.

Aus Einzelfallberichten kann jedoch geschlossen werden, dass zumindest den sehr schwer betroffenen Legasthenikern, die überhaupt keinen Zugang zur Schriftsprache haben, mithilfe dieser Methode geholfen werden kann.

Die Lehrerpersönlichkeit

Neben den didaktischen Aspekten des Unterrichts spielen aber auch interaktionelle Prozesse zwischen Lehrer und legasthenem Schüler sowie zwischen Lehrer und Ihnen, den Eltern eines legasthenen Kindes, eine große

Rolle. In Klassen, wo Lehrer und Schüler oft in Interaktion treten und mehr Zeit zum Lernen als für andere Aufgaben verwenden, ist der Lernfortschritt am größten.

Natürlich wird jedes Kind eine bessere schulische Entwicklung nehmen, lieber zur Schule gehen und freudiger lernen, wenn es seine Lehrerin mag und sich von ihr geachtet fühlt. Gerade bei legasthenen Kindern, die oft verunsichert sind und ein geringes Selbstvertrauen haben, ist eine positive affektive Unterstützung durch den Lehrer wichtig. Im Gegensatz hierzu wird immer wieder durch schriftliche Kommentare dem Kind und seinen Eltern jegliche Motivation genommen, wenn z. B. unter Arbeiten des Kindes steht: »Ohne Fleiß kein Preis!«, »Du musst mehr üben!«, obwohl die Eltern mit ihrem Kind schon täglich ein bis zwei Stunden arbeiten.

Das übliche Anstreichen der Rechtschreibfehler in Rot wirkt sich negativ auf das Selbstwertgefühl Ihres Kindes aus, und die fehlende positive Bewertung von selbst geringen Leistungsfortschritten kann sein Selbstwertgefühl schädigen.

Mitunter verringert der negative Einfluss des Lehrers das Selbstwertgefühl eines Kindes so, dass es sich selbst kaum noch eine positive Entwicklung zutraut. Durch die Verunsicherung nehmen die Kinder eher als andere an, etwas falsch zu machen, oder ordnen Erfolge eher dem Zufall oder anderen Faktoren zu als ihrer Persönlichkeit oder ihrem Einsatz. Ein sich so entwickelndes, schulbezogen negatives Selbstkonzept kann sehr stabil sein und bis ins Erwachsenenalter bestehen bleiben.

Daher sind Faktoren wie Verlässlichkeit, Vertrauen, Stärkung der sich entwickelnden Persönlichkeit Ihres Kindes wichtige Werte, die eine lernförderliche Lehrerpersönlichkeit mitbringen sollte. Ein stabiles Selbstwertgefühl Ihres Kindes ist eine wichtige Voraussetzung für seinen Lernerfolg. Allerdings trägt hierzu nicht allein die Schule, sondern auch das Elternhaus bei.

Zusammenarbeit von Schule und Eltern

Wie Lehrer die Eltern der Schüler wahrnehmen und mit ihnen umgehen, ist ein weiterer wichtiger Aspekt des Einflusses der Schule auf die Lernentwicklung des Kindes. Eltern fällt es leichter, kooperativ mitzuarbeiten, wenn sie über die Methodik des Schriftspracherwerbs unterrichtet wer-

> Lehrer sollten nicht allein Wissen vermitteln, sondern auch die emotionalen Bedürfnisse des Kindes berücksichtigen und respektieren.

> Gegenseitige Wertschätzung und Respekt sind Grundvoraussetzungen für eine erfolgreiche Kooperation.

den. Die Lehrerin bzw. der Lehrer sollte ihnen auch Anleitungen zur Begleitung bei den Hausaufgaben und zur Unterstützung beim Lesen und Rechtschreiben geben. Insbesondere die Dokumentation und Transparenz des individuellen Lernfortschritts im Lesen und Rechtschreiben hilft den Eltern zu verstehen, welche Probleme ihr Kind beim Schriftspracherwerb hat. Dabei gilt es, auch die kleinsten Lernfortschritte zu dokumentieren und mitzuteilen.

Konflikte zwischen Eltern und Lehrern treten häufig dann auf, wenn es um erzieherische Fragen geht. Nach dem Verständnis der Schule übernehmen Lehrer auch eine erzieherische Verantwortung. Wenn Lehrer aber Vorschläge zur Veränderung des elterlichen Erziehungsverhaltens machen, erleben sie nicht selten Ablehnung durch die Eltern.

Wichtig im möglichen Spannungsfeld zwischen Lehrer und Eltern ist die Bereitschaft, das Gegenüber anzuhören und seine Position ernst zu nehmen. Spannungen treten häufig dann auf, wenn beide Seiten die Arbeits- und Lebenssituation der anderen nicht verstehen.

Die Familie

Unter »familiären Faktoren« sind hier nicht die genetischen Zusammenhänge zu verstehen, die für die Vererbung der Legasthenie verantwortlich sind und auf S. 68–71 behandelt wurden. Im Gegensatz zu den dort beschriebenen neurobiologischen Ursachen können familiäre Faktoren die Legasthenie zwar beeinflussen, sind aber nicht ihre Ursache. Zu ihnen gehören in erster Linie ein geringes Einkommen und eine geringer sozioökonomischer Status der Familie. Diese Faktoren sind allgemeine Risikofaktoren nicht allein für eine geringere Lese- und Rechtschreibfähigkeit, sondern auch für die kognitiven Fähigkeiten. Insbesondere die lang andauernde, schwere Armut ist ein unspezifischer Risikofaktor für eine beeinträchtigte schulische Entwicklung.

Ein wesentlicher Grund für die geringeren Lese- und Rechtschreibfähigkeiten in diesen Familien sind oft der geringe Bildungsstand der Eltern, die vorhandene und nicht kompensierte Legasthenie eines Elternteils oder beider Eltern, die fehlenden Ressourcen zu lernförderlichem Verhalten gegenüber dem Kind und die konkreten Lebensbedingungen des Kindes. So fehlt den Kindern häufig ein eigener Arbeitsplatz oder zumindest

Eltern sind nicht schuld an der Legasthenie des Kindes! Es gibt Faktoren aus dem Umfeld des Kindes, die die schulische Entwicklung des Kindes allgemein beeinflussen. Hierzu gehören Armut und ein geringer Bildungsgrad der Eltern.

ein ungestörter Raum für die Hausaufgaben. Wahrscheinlich am bedeutsamsten ist aber, dass die Kinder zu Hause kaum Zeit mit Lesen verbringen. Wenn viele Geschwister da sind, bestehen eher geringe Möglichkeiten der Anregung zum Schriftsprachgebrauch und zur Förderung. Einzelne Untersuchungen zeigen, dass ein Kind am Ende der Geschwisterreihe ein höheres Risiko hat, eine Legasthenie zu entwickeln, als ein erstgeborenes.

Schadet das Fernsehen?

Ein weiterer Faktor ist der Fernsehkonsum. Es wurde vermutet, dass regelmäßiges Fernsehen auch der Lese- und Rechtschreibentwicklung schadet. Hierzu liegen leider nur wenige Untersuchungen vor.

Allerdings zeigen diese Studien, dass nicht das Fernsehen das Hauptproblem darstellt, sondern die dadurch für das Lesen verloren gegangene Zeit. Dies wird allerdings erst relevant, wenn täglich mehr als drei Stunden ferngesehen wird.

Zurzeit wird die Bedeutung von Fernsehkonsum auf die Schriftsprachentwicklung der gesamten Grundschulzeit untersucht. Hier zeigt sich nun erstmals ein Zusammenhang des vorschulischen Fernsehkonsums und der Lese- und Rechtschreibkompetenz in der dritten Klasse. Da jedoch die Studie noch nicht abgeschlossen ist, lassen sich Konsequenzen für Legastheniker noch nicht aufzeigen. Auf jeden Fall sollten Sie aber die Auswahl der Sendungen steuern. Sendungen mit pädagogischen Inhalten, die Wissen anregend vermitteln, sind auf jeden Fall zu bevorzugen.

> **Wenn Ihr Kind in einem guten Familienklima aufwächst und Sie an seinem schulischen Fortkommen Anteil nehmen, brauchen Sie die Fernsehzeit nicht allzu streng zu begrenzen.**

Was Sie tun können

Ihre positive Unterstützung und Ihre positive Zukunfts- und Leistungserwartung wirken sich förderlich auf die Leistungsmotivation Ihres legasthenen Kindes aus. Ihr eigenes Leseverhalten und Ihre Anregung zum häuslichen Lesen, Ihr Vorlesen und gemeinsames Lesen sind zentrale Faktoren für die positive Lese- und Rechtschreibentwicklung.

Nicht zuletzt ist Ihr Kontakt zur Schule von Bedeutung. Durch die Teilnahme an Elternabenden und Gespräche mit Lehrern sind Sie als Eltern laufend informiert über die allgemeinen schulischen Entwicklungen und speziellen Lernfortschritte Ihres Kindes.

> **Viel wichtiger als die Begrenzung des Fernsehens ist, ob und wie Sie sich um die schulischen Belange Ihres Kindes kümmern und wie das emotionale Klima in Ihrer Familie ist.**

Förderung und Therapie: Was Eltern tun können

Eltern sind nicht selten der Anwalt ihres Kindes, um die Interessen und auch Ansprüche auf Unterstützung und Förderung durchzusetzen. Neben der hohen Verantwortung sind Eltern oft sehr belastet. Auch sie müssen daher entlastet werden.

Angesichts einer Flut von Förderangeboten stehen Sie als Eltern vor der schwierigen Aufgabe, diese Angebote zu bewerten und das für Ihr Kind angemessene Angebot herauszufinden. Auf den folgenden Seiten 115–119 werden Ihnen deshalb die wichtigsten Angebote vorgestellt sowie auf S. 131 Kriterien beschrieben, nach denen Sie Ihre Auswahl für Ihr Kind treffen können. Eine Information vorweg: Viele Förderangebote kündigen eine sehr schnelle Verbesserung des Lesens und Rechtschreibens innerhalb von wenigen Monaten, teilweise sogar Wochen, an; sie sind mit der Empfehlung von z. T. sehr kostspieligen Therapien verbunden. Obwohl diese Angebote verlockend sind, sollten Sie gerade diesen Versprechen gegenüber eine kritische Zurückhaltung bewahren.

Die Förderungsansätze bei der Legasthenie sind vielfältig und für Eltern kaum noch zu übersehen.

Das Netzwerk der Förderangebote: So finden Sie Zugang

Abb. 18 auf dieser Seite informiert Sie über die zur Zeit bestehenden Möglichkeiten zur Förderung legasthener Kinder und Jugendlicher.

Dem Beschluss der Kultusministerkonferenz folgend, soll der Schule die Hauptaufgabe der Förderung bei der Legasthenie (allerdings dort nicht Le-

Sie haben die Wahl zwischen schulischen, kommunalen und privaten Trainings.

Netzwerk der Versorgung von Kindern mit einer Lese-Rechtschreibstörung

- Elternhaus
- Öffentliche Jugendhilfe (Jugendamt)
- Psychologische Beratungsstellen, Erziehungsberatung
- Lese-Rechtschreib-Störung
- Schule Staatliches Schulamt
- Kinder- und Jugendpsychiatrie (Ambulanz, Tagesklinik, Station)
- Schulpsychologischer Dienst

Abb. 18: Netzwerk der Versorgung für legasthene Kinder und Jugendliche

gasthenie genannt) zukommen (s. Abb. 18 auf S. 99). Jedoch findet ein großer Anteil der Förderung außerschulisch statt, da die schulischen Angebote oft nicht ausreichend sind und viele Schulen nach wie vor Legasthenie
als eigenständiges Störungsbild nicht anerkennen und dementsprechend
keine Förderung anbieten. Dies trifft insbesondere für die weiterführenden Schulen (z. B. Gymnasien) zu.

Neben privaten Anbietern, die z. T. von den Jugendämtern finanziert werden, gibt es in manchen Städten kommunale Einrichtungen, die Legasthenieförderung anbieten.

Insgesamt besteht aber nach wie vor ein hoher Bedarf an ausreichender
und vor allem qualifizierter Förderung.

Die Entlastung der Familie

Eine entscheidende Bedeutung für die Entwicklung des legasthenen Kindes kommt den Eltern und der Familie zu. Die wichtigste Unterstützung
ist der Rückhalt in der Familie.

> **Die Eltern haben eine der wichtigsten Aufgaben zur Förderung ihres legasthenen Kindes. Das Kind annehmen, wie es ist! Ihm emotional den Rücken stärken und die Fähigkeiten, die es in anderen Bereichen hat, fördern.**

Fallbeispiel: Elterliche Unterstützung trotz Legasthenie

Martin hat eine ausgeprägte Legasthenie. Er besucht die vierte Klasse der Grundschule. Lange war unklar, warum Martin so ausgeprägte Schulprobleme hatte.
Seine Eltern meinten zunächst, dass Martin schulisch nicht begabt sei. Sein Vater
hielt Martin, wie er sagte, für »stinkend faul«. Wenn Martin wieder mit einer Fünf
in Deutsch heimkam, schimpfte sein Vater sehr. Während seine Mutter schon ver-
suchte, die Ergebnisse des Diktats ihrem Mann gegenüber zu verheimlichen, um
Martin zu schützen, wurde das Kind immer aggressiver gegen seinen Vater. Vor
kurzem hat Martin in seinem Ärger über seinen Vater mit voller Wucht in den Kot-
flügel seines Autos getreten.

Martin kämpft seit längerem nun um die Anerkennung seines Vaters.

Jedoch ist diese Anerkennung oft erst dann möglich, wenn geklärt werden konnte, warum ein Kind diese Lernprobleme hat. Bis zur Diagnosestellung vergehen –
das ist nicht selten – drei bis vier Jahre. In dieser Zeit ist das Verhältnis der Eltern
zu ihrem Kind beeinträchtigt, oft ist sogar die gesamte Familie belastet. Die
Hausaufgabensituation ist dafür ein typisches Beispiel. Trotz gut gemeinter Ratschläge, wie z. B. »Schreib, wie man's spricht«, oder »Das kannst du doch heraushören«, die oft jedoch nicht zutreffen, verbessert sich die Rechtschreibung

nicht. Langes nachmittägliches Üben, nicht selten bis in die Abendstunden hinein, führt dann dazu, dass das Diktat zu Hause nahezu fehlerfrei geschrieben wird. Am nächsten Tag werden trotzdem beim geübten Diktat fast alle Wörter, die tags zuvor mühsam geübt wurden, wieder falsch geschrieben. Die Enttäuschungen bei den Eltern und bei Martin sind sehr groß, es wird nach den Ursachen und den Fehlern gesucht.

Leider ist oft die Schule nicht entlastend, weil vermutet wird, Martin sei nur faul. Gerade das trifft oft nicht zu, da die Eltern täglich mit ihrem Kind üben. Die schulischen Ratschläge belasten vielmehr die Eltern und erhöhen den Druck auf die Familie. Dies trifft auch dann zu, wenn seitens der Schule vermutet wird, Martin sei nur zu dumm, um ausreichend lesen und schreiben zu lernen. Die Eltern werden verunsichert, zweifeln selbst an den Fähigkeiten ihres Kindes und finden sich damit ab, dass die Überweisung zu einer Schule für Lernhilfe empfohlen wird. Die Enttäuschung bei den Eltern ist groß, die emotionale Unterstützung für Martin leidet darunter.

Daher benötigen Eltern Unterstützung durch Schule und professionelle Beratung. Im Rahmen der Beratung wird versucht,

- die familiären Konflikte sichtbar zu machen
- Eltern und das Kind von Schuldvorwürfen zu entlasten und
- Möglichkeiten zu entwickeln, wie mit der Legasthenie in Zukunft in der Familie umgegangen wird.

Im familiären Rahmen gibt es eine Reihe von Unterstützungsmöglichkeiten, die allerdings von den individuellen Voraussetzungen und Ressourcen abhängen.

Diese familiären Unterstützungsformen bis hin zu konkreten Anregungen zur Förderung werden nachfolgend dargestellt.

Lesen in der Familie

Dem Lesen mit dem legasthenen Kind kommt sehr große Bedeutung zu. Die positive Auswirkung des regelmäßigen Lesens auf die Schriftsprachentwicklung wurde immer wieder nachgewiesen. Das Lesen ersetzt zwar nicht die spezifische Förderung, ist aber in jedem Fall eine sehr gute Unterstützung.

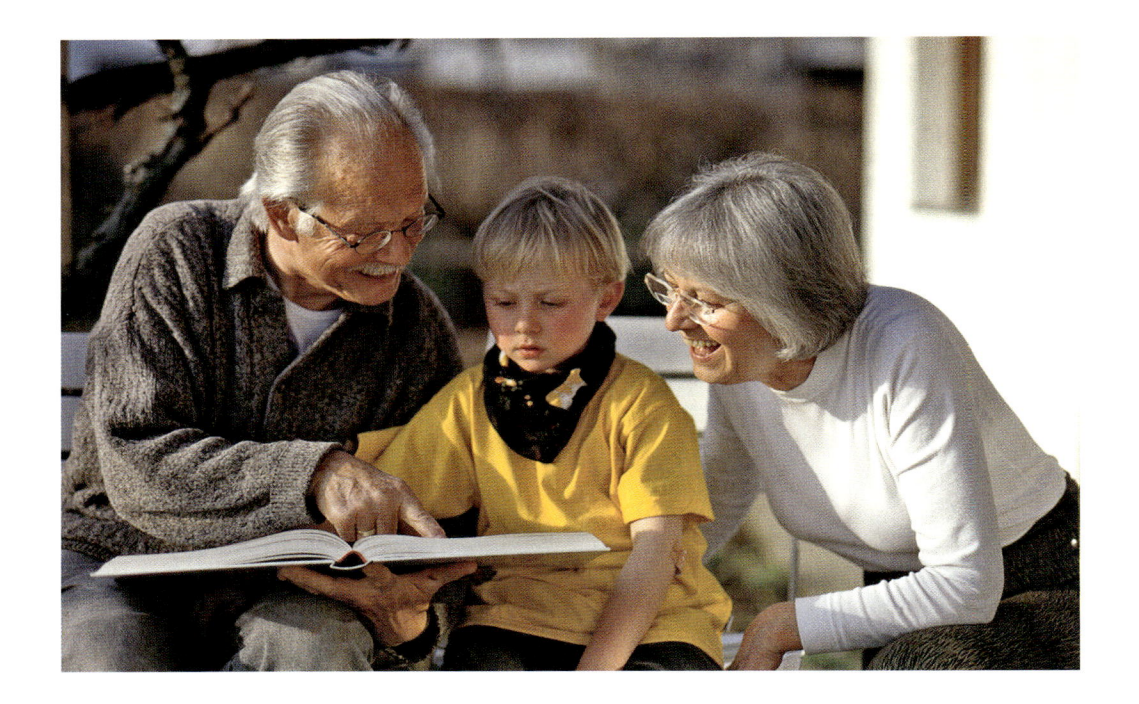

Die Bedeutung des familiären Leseklimas

Die Familie kann durch Schaffung eines lesefreundlichen Klimas bessere Voraussetzungen für den Schriftspracherwerb schaffen. Hierzu gehören das sprachliche Umfeld und wie miteinander in der Familie gesprochen wird, das Leseumfeld und die sozio-emotionale Unterstützung in der Familie. Eine vielfältige Sprache – im Sinne Wortschatz, Grammatik, Syntax und Ausdrucksfähigkeit der Eltern – beeinflusst den Wortschatz und Sprachgebrauch der Kinder. Was sie da aufnehmen und mitbringen, hat wiederum eine vorhersagende Bedeutung für die Schriftsprachentwicklung in der Grundschulzeit. Das Vorlesen von Büchern, das Gespräch über den Inhalt des Vorgelesenen, über vergangene und aktuelle Ereignisse sind Beispiele für den Sprachgebrauch, der die sprachliche Fähigkeit und den Wortschatz der Kinder fördert. Die Kinder sollen selbst angeregt werden, zu berichten und Geschichten zu erzählen.

Wenn Sie zu Hause ein lesefreundliches, familiäres Leseklima schaffen, tragen Sie zur Vorbeugung der Legasthenie bei.

Eltern haben eine große Vorbildfunktion auch im Gebrauch der Schriftsprache. Wenn sie selbst dem Lesen und Schreiben hohe Bedeutung beimessen und dies auch für die Kinder sichtbar ist, können Kinder selbst eher eine positive Einstellung zum Lesen entwickeln. Dass Lesen und Schreiben Spaß machen kann, dass es vielfältige Anlässe dazu gibt, kann durch die Eltern den Kindern vermittelt werden.

Die Bedeutung der emotionalen Wärme untereinander beeinflusst ebenfalls die Lese- und Schreibentwicklung. Im Vordergrund steht die Mutter-Kind-Interaktion, deren Bedeutung für das Vorlesen untersucht wurde. Eine positive Interaktion, insbesondere eine hohe Qualität der Mutter-Kind-Interaktion beim Lesen, wirkt sich förderlich auf den Schriftspracherwerb aus.

Die richtige Lektüre für Ihr Kind

Natürlich brauchen Sie in erster Linie eine Auswahl von Büchern, die insbesondere für Legastheniker geeignet sind. Die Tabelle auf dieser Seite zeigt Ihnen, worauf Sie achten müssen.

> **Es gibt für jedes Kind ein Buch, das sein Interesse weckt. Bei legasthenen Kindern sind allerdings ein paar Regeln zu beachten.**

Auswahl von Lesematerial für legasthene Kinder

Formale Aspekte
- Buchstabengröße mindestens 12 Punkt, besser 14 Punkt
- Zeilenabstand 1,5, besser 2 Zeilen
- ausreichend Rand zu beiden Seiten (mindestens jeweils 2 cm)
- gegliederter Text mit großen Absätzen
- Strukturhilfe durch Einrücken des Satzbeginns nach Absatz

Inhaltliche Aspekte
- Texte, die Ihr Kind interessieren
- keine Fremdwörter und Fachbegriffe (Wortschatz sollte den Leseerfahrungen des Kindes entsprechen)
- Illustration und Bilder (Motivationsaspekt)

Neben Büchern können Sie auch Comics einsetzen. Sie haben durch ihre Bebilderung und Sprache einen hohen Aufforderungscharakter. Gerade für Legastheniker der höheren Klassen kann z.B. ein Comic von Asterix und Obelix der Einstieg zum Lesen sein.

Gemeinsam lesen

Eltern lesen mit ihrem Kind – aber wie?

Das gemeinsame Lesen von Eltern(-teil) und Kind ist als eine Methode der Anregung und Förderung des Lesens wichtig. Sie sollten dieses gemeinsame Lesen nicht irgendwann vornehmen, wenn es Ihnen gerade passt und Sie eine halbe Stunde Zeit haben und irgendein Buch zur Hand nehmen. Sie sollten es vielmehr sorgfältig planen und mit Ihrem Kind vorher Vereinbarungen zu seiner Durchführung treffen.

> **Fallbeispiel: Wir lesen gemeinsam!**
>
> Karin und ihre Mutter lesen täglich 15 Minuten gemeinsam. Folgende Grundregeln haben sie vereinbart: Das Prinzip des gemeinsamen Lesens ist, dass abwechselnd gelesen wird. Der Umfang des Textes bis zum Wechsel kann ein Satz, ein Abschnitt oder auch eine Seite betragen. Karin und ihre Mutter wählen den Umfang nach den Lesefähigkeiten von Karin aus. Das Lesen soll ihr Spaß machen, der Textzusammenhang muss verstanden werden. Manchmal kann es auch sinnvoll sein, die Abschnitte so zu verteilen, dass Karin einen kleineren Abschnitt liest und ihre Mutter den größeren Abschnitt übernimmt.
>
> Ein andere Methode des lauten, gemeinsamen Lesens ist, dass recht häufig gewechselt wird. Dabei wird der Lesewechsel durch ein Zeichen von Karin angekündigt. Wenn ein Lesefehler auftritt, weist ihre Mutter darauf hin, ohne gleich das richtige Wort vorzusprechen. Karin sollte ein paar Sekunden Zeit haben, um selbst die richtige Lösung zu finden.

Zum Abschluss des gemeinsamen Lesens wird über die Geschichte gesprochen. Beim gemeinsamen Lesen vermitteln Sie Ihrem Kind, dass der Inhalt des Gelesenen der zentrale Aspekt des Lesens ist. Schulisch gesprochen, fördern Sie sein Textverständnis.

Der Hinweis auf Fehler ist nicht motivierend und sollte nur nebenher erfolgen, wie Sie im Gespräch auch einen Erwachsenen korrigieren würden, der sich versprochen hat.

Wichtig bei dieser wie bei allen anderen gemeinsamen Übungen ist das Loben des Kindes. Freuen Sie sich an seiner Anstrengung und Bereitschaft, sich mit einem Text auseinander zu setzen, obwohl es dabei große Schwierigkeiten hat, und sagen Sie ihm auch, dass Sie sich darüber freuen. Hier liegt der Erfolg.

Diese Leseförderung sollten Sie möglichst täglich betreiben, aber bitte nicht länger als 15 Minuten. Wenn Ihr Kind noch zu Beginn der Leseentwicklung steht und z.B. im ersten Schuljahr ist, achten Sie bitte darauf,

dass Sie Ihrem Kind die Laute (und nicht die Buchstabennamen) als Hilfestellung nennen, also nur ein trockenes *p* mit den Lippen explodieren lassen und keine Silbe *pe* sprechen.

Besonders hilfreich ist häufig die Unterstützung des Lesens durch die Markierung von Silben. Malen Sie unter die einzelnen Silben eines Wortes *Silbenbögen*, deren Anfang und Ende zugleich der Anfang und das Ende der Silbe sind. Sie können die grafische Unterstützung durch Silbenbögen auch gemeinsam mit Ihrem Kind vornehmen. Die meisten Kinder malen gern, und gerade wenn das Lesenlernen schon mit Frust verbunden wird, führt Ihr Kind vielleicht gern eine Aufgabe aus, die scheinbar nichts mit dem Lesen zu tun hat.

Hilfsmittel

Vielleicht hilft es Ihnen, unterstützend zum Lesen ein Leselineal einzusetzen.

Leselineale gibt es in zwei verschiedenen Ausführungen. Eine Form des Leselineals dient zur Vergrößerung des Textes, eine andere Form deckt die Zeile ab und lässt nur einen Ausschnitt des Textes frei.

Das Abdecken des nachfolgenden Lesetextes bringt für einzelne Legastheniker eine deutliche Erleichterung beim Lesen. Das wird damit erklärt, dass das Auge durch die Verteilung der Neuronen auf der Netzhaut in der Lage ist, bereits Informationen des Textes wahrzunehmen, den wir noch nicht bewusst sehen. Möglicherweise beeinflusst diese peripher wahrgenommene Buchstabeninformation bei Legasthenikern die Informationsaufnahme, während das Kind ein Wort fixiert, um es zu lesen.

Eine Vergrößerung des Textes durch ein entsprechendes Lineal wird ebenfalls von einem Teil der Legastheniker als angenehm und entlastend beim Lesen erlebt.

Förderung des Schreibens/Rechtschreibens in der Familie

In vielen Familien ist die tägliche Anfertigung der Hausaufgaben die schwerste Zeit des Tages. Das muss nicht sein. Wenn Sie sich entschließen, Ihr Kind bei den Hausaufgaben zu betreuen, sollten Sie in jedem Fall die auf S. 111/112 folgenden zwölf Grundregeln für eine erfolgreiche Zusammenarbeit beherzigen, oder − falls Sie zu dem Schluss gelangen, dass

Ihnen das nicht möglich ist – Sie sollten die Finger davon lassen und sich evtl. damit begnügen, die vom Kind allein angefertigten Hausaufgaben anzusehen und sich davon zu überzeugen, dass sie vollständig erledigt wurden, ohne auf evtl. Fehler einzugehen.

Sie haben andere Möglichkeiten, unaufdringlich mit Ihrem Kind in der Familie das Schreiben zu üben. Lassen Sie es den Einkaufszettel schreiben, während Sie umhergehen und nachsehen, was fehlt oder auszugehen droht. Stellen Sie ihm die leere Packung hin, damit es das Wort richtig vor Augen hat. Ermutigen Sie es, der Oma oder Patentante in einem Briefchen fürs Geburtstagsgeschenk zu danken. Es genügt ja, wenn Ihr Kind zwei Sätze schreibt, und über die Fehler wird die Adressatin schon hinwegsehen.

Bei diesen Dingen kommt es allein darauf an, Ihrem Kind das Schreiben in Zusammenhängen nahe zu bringen, die ihm Spaß machen – wie der Einkauf der Lieblings-Eismarke – oder wichtig sind – wie die Beziehung zur Großmutter.

Auch andere Schreibanlässe, z.B. eine Reportage, ein Geschichtenbuch oder ein Reisetagebuch, in das man auch Bilder (Postkarte, Fahrscheine etc.) klebt, machen Spaß und sollten genutzt werden.

> **Nutzen Sie die zahllosen, alltäglichen Gelegenheiten, bei denen zu Hause geschrieben werden muss, und setzen Sie Ihr Kind für diese Aufgaben ein.**

Üben mit dem Karteikasten

Das Schreiben von Lernwörtern zu Hause ist sinnvoll. Die Auswahl von Lernwörtern sollte sich an dem Lernmaterial der Schule orientieren. Die Lernwörter können in einer Lernwörterkartei gesammelt werden.

Dazu schaffen Sie sich einen kleinen Karteikasten mit Karteikarten der Größe DIN A6 oder 7 an. Auf jede Karteikarte wird ein Wort geschrieben. Hilfreich ist es, wenn Sie für die Wortarten verschiedene Kartenfarben verwenden. Dieses Vorgehen unterstützt das Lernen der Wortarten. Schreiben Sie das Wort in der in der Schule verwandten Schreibschrift auf die Karte. Bei den Hauptwörtern bzw. Nomen sollte der Artikel (Begleiter) mit aufgeschrieben werden (nicht *Apfel*, sondern *der Apfel*). Ergänzend kann man dann noch die Mehrzahl aufschreiben, um auch die Mehrzahlbildung zu üben (*der Apfel, die Äpfel*). Bei den Tuwörtern bzw. Verben sollte man auch das Personalpronomen aufschreiben (z.B. *du läufst*). Bei den Verben sollte man darunter auch immer die Grundform aufschreiben (*sie läuft, laufen*).

> **Die Rechtschreibförderung zu Hause ist nicht so einfach, wie allgemein angenommen wird. Es kommt nicht darauf an, dass Ihr Kind irgendein Wort schreibt. Wichtig ist, welche Wörter Ihr Kind übt, wie Sie auf die Falsch- und auch Richtigschreibung reagieren und welche Anregungen bzw. Erklärungen Sie geben.**

Sie können zusätzlich die besonderen Problemstellen des Wortes markieren, um die Aufmerksamkeit auf diesen Sachverhalt zu lenken.

Diese Kartei wird benutzt, um die Wörter regelmäßig zu wiederholen. An jedem Tag sollten Sie zehn Minuten mit der Kartei arbeiten. Dabei können Sie folgendermaßen vorgehen. Sie wählen zehn Wörter aus und diktieren sie Ihrem Kind. Sie können aber auch Wörter auswählen und damit Sätze bilden und diese Sätze diktieren. Manchmal ist es für die Kinder motivierend, sich selbst Sätze aus den vorhandenen Lernwörtern zu bilden. Es dürfen auch Sätze ohne Sinn sein – entscheidend ist, dass Ihr Kind Spaß hat, die Wörter zu schreiben.

Wenn ein Wort dreimal in Folge richtig geschrieben wird, wird es in der Kartei nach hinten sortiert. Wichtig ist bei der Lernwortkartei, dass die Prinzipien der Verschriftlichung deutlich gemacht werden.

Vorsicht vor falschen Rechtschreib-Tipps!

Dieses häusliche Üben von Lernwörtern ist jedoch nicht einfach. Dabei können Sie eine Reihe von Fehlern machen.

Hier ein paar Beispiele, bei denen kein Hinhören hilft:

- Schreibung der Endung von Auslauten., z.B. *Bild*. Hier kann man nicht unterscheiden, ob ein *t* oder *d* geschrieben wird, wenn man hinhört!
- Schreibung der Endung -er, z.B. bei *Mutter*
- Schreibung von *äu* oder *eu*, z.B. *Häuser* oder *Eulen*
- Schreibung von Verben in gebeugter Form, z.B. *er geht*

> Ein sehr häufiger, fehlerhafter Tipp ist, die Kinder aufzufordern, genau hinzuhören bei der Schreibung von Wörtern, bei denen das Hinhören jedoch nicht hilft.

Hinhören hilft aber bei der Unterscheidung von lang und kurz gesprochenen Vokalen im Wortstamm, z.B. dass das *A* in *Nase* lang, aber in *Tasse* kurz gesprochen wird. Dieses Wissen kann Ihr Kind anwenden, um die auf den Vokal folgenden Konsonanten richtig zu schreiben.

Laufdiktat

Ihr Kind kennt diese Übungsform vielleicht auch schon von der Schule. Hierzu wird ein kurzer Text ausgesucht, der aus den Wörtern zusammengesetzt ist, die Ihr Kind bereits kennt. Dieser Text wird auf ein Blatt Papier mit möglichst großen Schriftzeichen (16 Punkt) ausgedruckt und an die Wand gesteckt oder auf einen Tisch gelegt.

> Eine besondere Form des häuslichen Übens kann ein so genanntes Laufdiktat sein.

Die Aufgabe besteht nun darin, dass Ihr Kind diesen Text auf ein zweites Blatt Papier schreibt. Dazu geht es zu dem Text, betrachtet ein Wort sehr genau und versucht es sich zu merken. Nun geht Ihr Kind zu dem Blatt Papier und schreibt dieses Wort auf. So wird nach und nach der Text abgeschrieben. Abschließend schaut Ihr Kind den gesamten Text noch einmal durch.

Mit dieser Methode soll Ihr Kind lernen, sich Wörter einzuprägen und aus dem Gedächtnis zu reproduzieren.

Hausaufgaben

Die Unterstützung des legasthenen Kindes bei den Hausaufgaben führt oft zu erheblichen Spannungen, meist zwischen Mutter und Kind (s. Fallbeispiele auf S. 12/13 und S. 100/101). Ein wesentlicher Grund hierfür ist, dass Eltern von Seiten der Schule oft nicht angeleitet werden, wie sie ihr Kind bei den Hausaufgaben begleiten sollen.

Welche Rolle Ihnen als Eltern bei den Hausaufgaben zuteil wird, hängt wesentlich von den Lernvoraussetzungen Ihres Kindes ab. Zusätzlich sollten Sie von der Lehrerin über den aktuellen Stand des Unterrichts informiert werden und Hinweise bekommen, welche Hilfestellungen für das Kind sinnvoll sind.

Nicht selten wird von den Kindern erwartet, selbstständig die Hausaufgaben zu bewältigen. Dies mag in Einzelfällen gelingen, aber gerade legasthene Kinder benötigen oft Unterstützung. Diese Unterstützung könnte im häuslichen Rahmen dann gegeben werden, wenn im Gegensatz zur Klas-

> **Die Betreuung des legasthenen Kindes bei den Hausaufgaben stellt eine der großen Herausforderungen für Eltern dar. Häufig entspannt sich die Situation, wenn Hausaufgaben strukturiert, zeitlich begrenzt und in ihrer Zielsetzung vorab besprochen werden.**

Empfehlungen für die Hausaufgabensituation

- Zu Beginn den Umfang der Hausaufgaben besprechen
- Zeit für die Hausaufgaben begrenzen
- Ziel des gemeinsamen Besprechens der Hausaufgaben vor Beginn festlegen
- Einen ruhigen, ungestörten Ort für die Hausaufgaben auswählen
- Selbstständigkeit des Kindes fördern
- Hausaufgaben strukturieren
- Ruhe und Gelassenheit mitbringen und ausstrahlen

sensituation zu Hause eine 1:1-Betreuung durch einen Elternteil möglich wäre.

Auf S. 111−115 finden Sie meine Empfehlungen für eine positive Gestaltung der Hausaufgabensituation.

Spezifische Trainings
zur Förderung des Lesens und Rechtschreibens für zu Hause
Es gibt kaum spezifische Trainingsprogramme, die für Eltern zur Förderung zu Hause konzipiert sind. Hintergrund mag die Überlegung sein, dass es nicht sinnvoll ist, wenn Eltern selbst mit ihren Kindern systematisch üben. Die angespannte familiäre Situation, fehlende zeitliche Ressourcen und unzureichende Kompetenz der Eltern lassen ihre Rolle

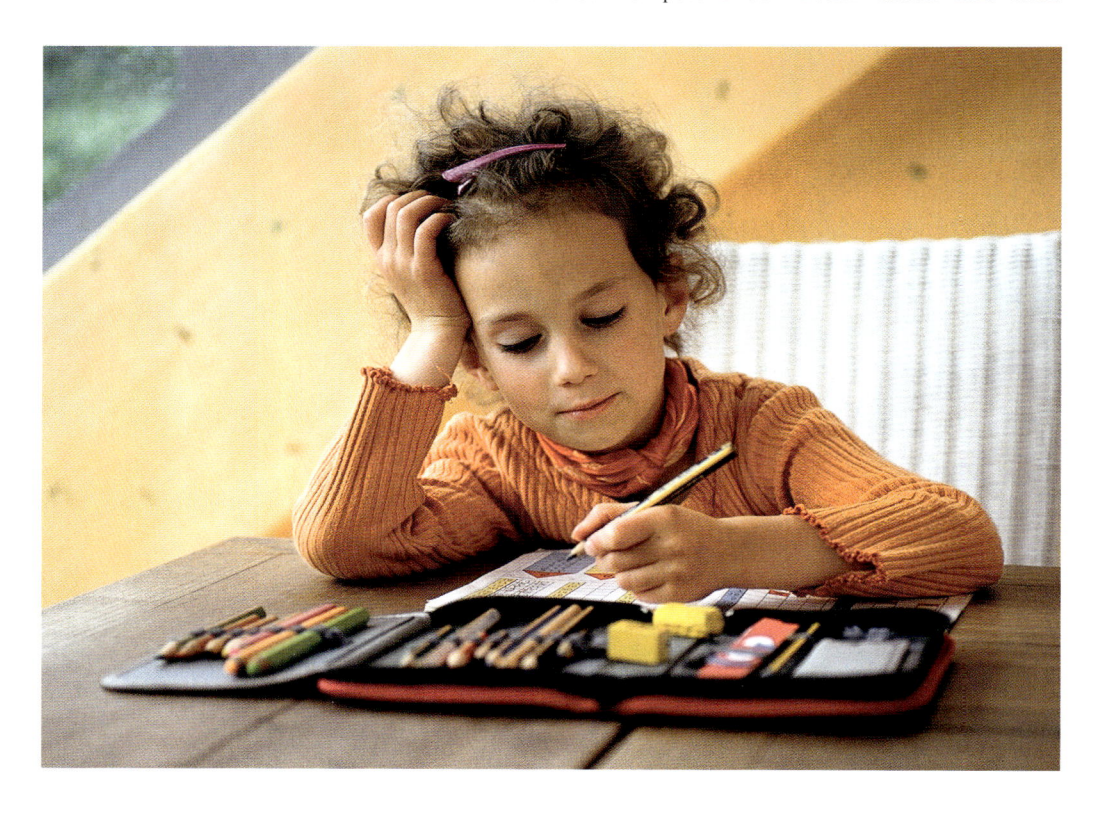

Voraussetzungen für ein häusliches Training im Lesen und/oder Rechtschreiben

- Ausreichend Zeit für regelmäßiges Üben über einen Zeitraum von mindestens einem Jahr
- Keine angespannte oder belastete Eltern-Kind-Interaktion in Bezug auf das Lernen
- Bereitschaft eines Elternteils, mindestens zweimal wöchentlich für eine halbe Stunde allein mit dem Kind zu üben
- Möglichkeit, zweimal pro Woche eine ungestörte Lernatmosphäre zu schaffen
- Bereitschaft des Kindes, mit einem Elternteil regelmäßig zu Hause zu üben
- Möglichkeit der professionellen Anleitung bzw. Betreuung für den übenden Elternteil

> Sie können Ihr Kind nur dann zu Hause fördern, wenn Sie in der Lage sind, miteinander zu üben. Falls Streit und Missstimmung bereits das Familienklima bestimmen, ist die Anstrengung sinnlos.

als Trainer ihres Kindes möglicherweise weniger sinnvoll erscheinen. Daher sollten vorher die Voraussetzungen für ein Training zu Hause geklärt werden.

Wenn die Voraussetzungen für ein gemeinsames Üben erfüllt sind, muss zunächst überprüft werden, wo der Schwerpunkt der Förderung liegt, im Lesen oder Rechtschreiben oder in Teilfertigkeiten, die Voraussetzungen für das Lesen sind, wie z.B. phonologische Bewusstheit. Die Klärung dieser Frage setzt eine ausführliche Diagnostik voraus, die zunächst durchgeführt werden muss.

Gemeinsam mit der Person, die die Diagnostik durchgeführt hat, sollten Sie überlegen, welches Konzept der häuslichen Förderung sinnvoll erscheint. Ferner sollten Sie klären, ob es einen Ansprechpartner gibt, der Ihre häusliche Förderung begleitet und Sie berät, wenn Fragen und Probleme auftauchen.

Zwölf Grundregeln für die Zusammenarbeit mit Ihrem Kind

Diese Grundprinzipien sollten Sie bei der häuslichen Förderung beachten. *Erstens:* Die Förderung sollte auf einem systematischen Konzept beruhen, dessen Wirksamkeit nach Möglichkeit in wissenschaftlichen Studien nachgewiesen wurde.

Zweitens: Die Rahmenbedingungen für die Förderung sollten vorab klar geregelt werden.

Drittens: Eine häusliche Förderung stellt eine Verbindlichkeit für die Eltern und das Kind dar.

Viertens: Wenn bei der Durchführung erhebliche Schwierigkeiten auftreten, die auch nach einem Klärungsversuch anhalten, sollten Sie das Training lieber abbrechen, als es mit zunehmenden Schwierigkeiten bei ungünstigen Bedingungen weiterzuführen.

Fünftens: Es sollte das häusliche Training mit der Schule abgestimmt werden.

Sechstens: Sowohl das Kind als auch der das Training durchführende Elternteil müssen eine positive Einstellung zum Training haben.

Siebentens: Legen Sie sich auf ein Förderkonzept fest. Die Kombination aus verschiedenen Materialsammlungen ist nicht zu empfehlen.

Achtens: Ihr Kind benötigt beim Üben eine unmittelbare Rückmeldung.

Neuntens: Stärken Sie Ihrem Kind den Rücken, auch wenn es enttäuscht ist. Die Klärung der gegenseitigen Erwartungen ist wichtig.

Zehntens: Verbinden Sie Ihre emotionale Zuneigung und Unterstützung nicht mit den Leistungen beim Üben im Lesen und Rechtschreiben. Sie haben Ihr Kind nicht weniger lieb, weil es falsch schreibt.

Elftens: Machen Sie Ihrem Kind nichts vor. Es versteht Sie besser, als Sie womöglich denken!

Zwölftens: Glauben Sie an die Fähigkeiten Ihres Kindes, auch wenn das Kind oder die Lehrer das bereits nicht mehr tun!

Einsatz von Belohnern

Ein wichtiges Thema bei der häuslichen Förderung ist die wechselnde Motivation des Kindes und die adäquate Reaktion darauf. Häufig werden zur Steigerung der Motivation Belohner eingesetzt. Wenn nach Absprache ein gewisses Verhalten oder Ziel erreicht wurde, können Belohner als Anerkennung und Aufrechterhaltung der Motivation eingesetzt werden. Eine Vielzahl von Belohnern sind möglich; entscheidend ist, dass vorher festgelegt wird, was und wann belohnt werden soll. Empfehlenswert ist, die Belohnung nicht allzu weit aufzuschieben, da ansonsten der gewünschte Effekt nur noch schwer zu erreichen ist.

Beim Einsatz von Belohnern ist zu beachten, dass die Belohnung zeitnah erfolgt und dass keine unrealistischen Belohner ausgesetzt werden. Wichtig ist, vorher einen Plan zu machen, was und wie belohnt wird.

Fallbeispiel: Wie arbeitet man mit Belohnern?

Max übt seit einem Monat zusammen mit seiner Mutter mit dem Marburger Rechtschreibtraining. Eigentlich hatte er keine Lust zum regelmäßigen Üben, er würde lieber nachmittags Fußball spielen und mit seinen Freunden draußen sein. Seine Mutter hat ihm eine Belohnung in Aussicht gestellt, wenn er den nächsten Monat regelmäßig an den gemeinsam besprochenen Übungseinheiten teilnimmt. Max denkt bereits darüber nach, was er sich so alles als Belohner wünschen will. Zum Beispiel einen Besuch im Fußballstadion zum Bundesligaspiel. Oder einen Anhänger für seine Märklin-Eisenbahn.

Heute wollen sich Max und seine Mutter zusammensetzen, um die Termine zu vereinbaren und über die Belohner zu sprechen. Für die Termine hat Max' Mutter einen großen Zettel mitgebracht, auf dem alle Wochentage des Monats einge- zeichnet sind. Für jede Woche suchen sie gemeinsam nach zwei Terminen. Diese sollten nicht am Abend, nicht am Wochenende und auch nicht direkt nach der Schule sein. Es ist gar nicht so einfach, denn auch Max' Mutter hat eine Reihe von Terminen am Nachmittag. Schließlich einigen sie sich auf zwei Wochentage, jeweils von 14.00 bis 15.00 Uhr.

Dann erzählt Max seine Wünsche für die Belohner. Seine Mutter muss ihn enttäu- schen, dass ein so großer Belohner zurzeit aus finanziellen Gründen nicht mög- lich ist. Sie schlägt vor, dass sich Max für jeden Übungstermin einen Belohner verdienen kann. Dieser wird auf dem Monatsplan eingetragen. Wenn sich Max zwei Belohner verdient hat, würde sie ihm ein Eis spendieren. So suchen sie ge- meinsam nach weiteren Belohnern, die auf den Wochenplan eingetragen werden. Als Bonus für ein Jahr wird tatsächlich das begehrte Fußballspiel in Aussicht ge- stellt.

> **Ein häusliches Training bedeutet Verbindlich- keit nicht nur auf Sei- ten des Kindes, son- dern auch auf Seiten der Eltern. Diese Ver- bindlichkeit betrifft im Wesentlichen die Ter- minabsprache.**

Empfehlenswert ist, vor dem Einsatz eines Belohnungsplans alle Bedin- gungen gemeinsam mit dem Kind zu besprechen und schriftlich festzuhal- ten. Möglicherweise ist es auch für das Kind sinnvoll, sich den Plan der Übungstermine mit dem Belohnungsplan zusammen aufzumalen und die- sen Plan in seinem Zimmer aufzuhängen.

Vermeiden Sie allzu große Belohner, die in keinem Verhältnis zur Aufgabe stehen. Da die Förderung über einen längeren Zeitraum durchgeführt wer- den muss, sollte auch überlegt werden, dass es möglicherweise bis zum Ende der Förderung notwendig ist, Belohner einzusetzen.

Der Zeitrahmen

Vor Beginn einer Trainingswoche sollten die Termine festgelegt werden. Am besten werden diese Termine schriftlich in einem Terminplaner geschrieben. Die Trainingstermine sollten über die Woche verteilt sein. Aber auch eine Förderung am Wochenende kann sinnvoll sein, wenn unter der Woche keine sinnvollen Termine zustande kommen. Nicht sinnvoll sind z. B. Trainingstermine abends, weil dann die Konzentration und Aufmerksamkeit der Kinder sehr gering sind. Auch sollte bedacht werden, dass eine Trainingseinheit vorbereitet werden muss. Kalkulieren Sie also nicht allein die 20 Minuten Förderung ein, sondern auch die Vorbereitungszeit.

Um die Trainingseinheit einzuhalten, ist das Aufstellen einer Uhr möglicherweise sinnvoll. Die Uhr zeigt den Eltern, dass nur 20 Minuten lang geübt und die Zeit auch nicht überschritten wird. Dem Kind zeigt sie, dass es sich nur 20 Minuten mit den Übungen beschäftigen muss, und ermöglicht gleichzeitig die Kontrolle darüber, dass diese Zeitspanne eingehalten wird. Teilweise besteht die Tendenz, mehr zu üben, als vorgesehen ist. Die Versuchung ist groß, etwas »nur eben noch einmal« vom Kind schreiben zu lassen. Aber hier müssen Sie als Eltern Disziplin üben und sich an die Vereinbarung halten.

Das Training sollte an einem ruhigen Ort durchgeführt werden. Störungen durch Telefon oder Geschwisterkinder sollten vermieden werden. Dazu bedarf es nicht selten einer guten Organisation. Möglicherweise kann der Partner entlastend mitwirken.

Einbeziehung aller Familienmitglieder

Die Geschwisterkinder, mit denen nicht trainiert wird, erleben es häufig als Bevorzugung, dass dem legasthenen Kind die besondere Zuwendung der Mutter in Form des Trainings zukommt. Daher sollten Sie versuchen, auch dem Geschwisterkind Angebote zu machen.

Damit ein häusliches Training erfolgreich sein kann, sollte der andere Elternteil dieses Training unterstützen. Wenn das Kind keine Lust mehr hat, muss es von beiden Eltern gemeinsam erfahren, dass sie dieses Training für wichtig und erfolgreich erachten. Außerdem braucht der das Training durchführende Elternteil Unterstützung.

Nutzen des häuslichen Trainings

Lassen Sie sich, bevor Sie ein Training beginnen, darüber beraten, welche Erfolge zu erwarten sind, um Enttäuschung und Frustration bei sich und Ihrem Kind zu vermeiden. Meist wird der Effekt des Trainings überschätzt. Die legasthenen Kinder benötigen viel Zeit, um z. B. eine neue Rechtschreibstrategie zu entwickeln.

Was Sie erwarten können: Nach einem Jahr Training nimmt die Fehlerzahl bei Diktaten voraussichtlich ab; zumindest verbessern sich die Kinder meist in dem trainierten Rechtschreibbereich.

Jedoch gelingt auch dann eine Übertragung auf die schulische Situation häufig noch nicht. Die schulischen Anforderungen sind meist so komplex, dass trotz Trainings die Leistungen oft noch unterdurchschnittlich sind.

Diese Informationen sollten Sie aber keinesfalls entmutigen. Untersuchungen zum *Marburger Rechtschreibtraining*, das Eltern selbstständig durchführen können, zeigen:

- Nach einem Jahr Training zeigen sich erste Trainingseffekte.
- Nach zwei Jahren ist ein deutlicher Leistungsfortschritt da, der sich auch mit Rechtschreibtests nachweisen lässt.

> **Die Hoffnung, dass bereits nach einem Vierteljahr Training die Fehler im Diktat deutlich weniger werden, ist selten berechtigt.**

Lesetraining

Ein Beispiel für ein Lesetraining, das auch zur Durchführung von Eltern geeignet ist, ist das Programm *Flüssig lesen lernen* von Gero Tacke.

Dieses Programm baut auf vier Grundfertigkeiten des Lesenlernens auf.

Die erste Grundfertigkeit ist die phonologische Bewusstheit. In einzelnen Schritten übt Ihr Kind, ein vorgesprochenes Wort in seine einzelnen Laute zu zerlegen oder aus einzelnen Lauten Wörter wieder zusammenzusetzen.

Die zweite Grundfertigkeit ist die Laut-Buchstaben-Zuordnung.

Im dritten Trainingsabschnitt folgen Übungen, in denen Ihr Kind einzelne Laute den richtigen Buchstaben zuordnen soll und anhand von Buchstaben die Lautverbindungen trainiert.

Der vierte Bereich enthält die Aufgabe, einzelne Wörter beim Lesen in Silben zu zerlegen, damit eine Strukturierung in kleinere Leseeinheiten erreicht wird.

Es gibt noch keine Untersuchungen zur Wirksamkeit dieses Trainings, wenn Eltern es durchführen.

> **Hinweise für das Lesen mit Ihrem Kind finden Sie auf S. 101–106. Hier geht es um spezielle Trainingsprogramme, die die Lesefähigkeit Ihres Kindes fördern sollen.**

Abb. 19: Aufbau und Struktur des Marburger Rechtschreibtrainings

Rechtschreibtraining: Vorstellung eines Erfolgsprogramms

Ein Programm, das systematisch aufgebaut ist und sehr strukturiert gegliedert ist, ist das *Marburger Rechtschreibtraining*. Dieses Programm wurde mit Eltern im Rahmen eines Elterntrainings über zwei Jahre erprobt. Dabei zeigte sich, dass Eltern, wenn bestimmte Voraussetzungen erfüllt sind, gut mit dem Programm arbeiten können und dass sich die Rechtschreibleistung des Kindes nach zwei Jahren deutlich verbessert.

Der Aufbau des Programms ist so gestaltet, dass Sie es zu Hause gut durchführen können. Abb. 19 auf dieser Seite zeigt Ihnen die Struktur des Programms. Das Programm besteht aus zwölf Kapiteln, die jeweils einen Anleitungs-, einen Lern- und einen Übungsbereich enthalten. Zusätzlich sind im Anhang Arbeits- und Lernmaterialen zusammengestellt. Zu jedem Kapitel des Lern- und Übungsbereichs werden in der Anleitung Detailinformationen gegeben. Das Wortmaterial des Trainings ist in einem Wortindex zusammengefasst.

Die zwölf Kapitel bauen aufeinander auf. Das Training ist so angelegt, dass es nicht allein durch das rechtschreibschwache Kind durchführt wird. Das Prinzip dieses Programms besteht in dem gemeinsamen Erarbeiten der einzelnen Lern- und Übungsbereiche durch Eltern(-teil) und Kind.

Neue Lösungsstrategien finden und einüben

Unsere Überlegungen gehen davon aus, dass den legasthenen Kindern die Lösungswege, die nicht legasthene Kinder anwenden, nicht zur Verfügung stehen. Daher werden in diesem Training neue Lösungsstrategien angeboten. Um diese neuen Strategien anwenden zu können, wurden spezielle Rechtschreib-Algorithmen entwickelt. Algorithmen sind bestimmte Lösungswege, die die Kinder erlernen, um mit ihrer Hilfe zur richtigen Verschriftlichung eines Wort zu gelangen (vgl. Abb. 20 auf S. 117).

Eine weitere Lösungsstrategie besteht in der Visualisierung von weitestgehend auditiven Problemen. Da viele Kinder große Schwierigkeiten bei der Unterscheidung von lang und kurz gesprochenen Selbstlauten (z. B. in *Nase* oder *Tasse*) haben, wird eine Lösungsstrategie vermittelt, die auf einer Visualisierung und grapho-motorischen Umsetzung aufbaut. So wird für den kurz gesprochenen Selbstlaut (Vokal) ein Punkt, für den lang gesprochenen Selbstlaut ein horizontal verlaufender Strich unter dem Selbstlaut eingeführt (Abb. 21 auf S. 118).

Abb. 20: Beispiel für einen Lösungsschritt bei der Unterscheidung von kurz und lang gesprochenen Selbstlauten im Wortstamm. Aus dem Marburger Rechtschreibtraining (Quelle: Schulte-Körne und Mathwig 2004)

Für einen auf einen Selbstlaut folgenden Mitlaut steht ein senkrechter Strich, für zwei auf einen Selbstlaut folgende Mitlaute zwei Striche. Auch bei den Regeln wird auf diese Techniken der Markierung der Länge der Selbstlaute und der folgenden Anzahl von Mitlauten zurückgegriffen.

Aufbau des Trainingsprogramms

In zwölf Kapiteln werden die Lerninhalte des Trainings präsentiert. Ihr Kind wird umfangreiches Material durcharbeiten und dabei die einzelnen Lerninhalte gut umsetzen. Dazu dienen ihm verschiedene Formen von Übungen (s. Abb. 22 auf S. 119).

Jedes Kapitel behandelt im Wesentlichen nur einen Lernbereich. Die Übungen sind so konzipiert, dass zunächst allein dieser Lernbereich geübt wird. Erst wenn er »sitzt«, wird dieser Bereich einem bereits gelernten in verschiedenen Übungen gegenübergestellt. Lern- und Übungsabschnitte wechseln sich in den Kapiteln ab, zu Beginn steht meistens ein Lernabschnitt.

Der Lernfortschritt wird anhand von Wiederholungsübungen regelmäßig gefestigt. Die Kapitel enden mit einer Erfolgskontrolle: Ihr Kind schreibt dann ein Lücken- oder Satzdiktat. Der komplette Diktattext ist in einem eigenständigen Lösungsbereich zu finden.

Durcharbeiten, umsetzen und nach und nach die größten Probleme lösen.

Abb. 21: Beispiel für die Visualisierung und grapho-motorische Umsetzung von Lösungswegen bei der Rechtschreibung Aus dem Marburger Rechtschreibtraining. (Quelle: Schulte-Körne und Mathwig 2004)

Vermittlung von Regeln

Die Regeln stellen ein wesentliches Grundgerüst des Rechtschreibtrainings dar. Das Programm enthält insgesamt acht Regeln. Anhand dieser Regeln können zwar nicht alle Rechtschreibprobleme gelöst werden, weil eine Reihe von Wörtern diesen Regeln zufolge nicht richtig verschriftlicht werden können (s. Abb. 23 auf S. 119), aber diese Ausnahmen sind vergleichsweise selten.

Nur acht Regeln decken die meisten Rechtschreibprobleme ab.

Abb. 23: Beispiel für die Regeln, die im Rahmen des Marburger Rechtschreibtrainings eingesetzt werden. Aus dem Marburger Rechtschreibtraining (Quelle: Schulte-Körne und Mathwig 2004)

Übungsformen: Leseübung mit Entscheidungsaufgabe

Ü Übung 3

Unterscheide zwischen lang und kurz gesprochenem Selbstlauten. Lies die folgenden Wörter. Setze unter die lang gesprochenen Selbstlaute einen Strich. Beachte immer nur den **fett** geschriebenen Selbstlaut.

Also: Vogel aber Hund

Bruder	Kind	Socke	Tatze
Hund	Kasper	Tal	Rot
Zug	Loch	Balken	Tafel
Tante	Ton	Flur	Kran
Kopf	Winter	Haken	Hunger
Schule	Nase	Ding	Block
Junge	Stube	Grube	Binde
Vogel	Hals	Kerze	Tor
Katze	Locke	Leder	Topf
Katze	Locke	Leder	Topf

Abb. 22: Leseübungen mit der Unterscheidung der Vokallänge im Wortstamm.
Aus dem Marburger Rechtschreibtraining (Quelle: Schulte-Körne und Mathwig 2004)

Nach dem Durcharbeiten der einzelnen Kapitel soll Ihr Kind die Rechtschreibregeln, z.B. bei den Hausaufgaben, anwenden – zunächst mithilfe der Lern- und Regelkarten.

Nicht zu viel üben!

Die Übungs- und Lerneinheiten sollten auf zwei Einheiten pro Woche verteilt werden. Ein häufigeres Üben kann Ihr Kind überfordern. Außerdem braucht es ein ausreichendes Maß an Freizeit und verliert die Motivation, wenn die zu stark beschnitten wird.

Ihr Kind darf nie völlig die Lust verlieren.

Üben Sie jeweils nie länger als 30 Minuten und richten Sie sich bei der Dauer der Übungseinheiten nach der individuellen Belastbarkeit Ihres Kindes. Achten Sie darauf, dass die Lernzeiten nicht auf die Abendstunden gelegt werden und dass ein ruhiger Ort zum Lernen und Üben zur Verfügung steht.

Unterstützung durch die Schule

Ein großer Teil der Förderung legasthener Kinder sollte durch die Schule übernommen werden. Jedoch sind die schulischen Kapazitäten häufig viel zu gering. Es fehlt an Lehrern, die für diese Aufgabe ausgebildet sind, und an Förderkonzepten, deren Wirksamkeit überprüft wurde.

Die Schule hat eine zentrale Funktion bei der Diagnostik, Förderung und Beratung des legasthenen Kindes und seiner Eltern. Dies bedeutet, dass Lehrer das Auftreten von Schwierigkeiten im Lesen und/oder Rechtschreiben als Erste bemerken und beschreiben sollten. Im Gespräch mit den Eltern werden diese Beobachtungen mitgeteilt, und gemeinsam sollte überlegt werden, welche Hilfen dem legasthenen Kind angeboten werden können und wie diese umgesetzt werden. Welche Aufgaben die Eltern bei der Unterstützung des Kindes übernehmen können, sollte besprochen werden.

Formen der schulischen Förderung

Die Förderung des legasthenen Kindes ist eine zentrale Aufgabe der Schule. Sie wird jedoch recht unterschiedlich wahrgenommen. Die Unterschiede bestehen sowohl in der Quantität als auch in der Qualität der Angebote.

> Die schulische Förderung findet im Wesentlichen in zwei Formen statt.

Binnendifferenzierung

Die so genannte *Binnendifferenzierung* (oder *innere Differenzierung*) setzt auf die Förderung im Klassenverband. Allerdings ist mit dem Begriff Binnendifferenzierung kein spezifisches Konzept beschrieben.

Die Lehrerin kann unterschiedliche *Leistungsgruppen* im Klassenverband bilden. Diese sollten allerdings in ihrer Leistung homogen sein. Dies bedeutet, dass schwächere und leistungsstärkere Kinder in Gruppen zusammengefasst werden. Diese Gruppenaufteilung ermöglicht, die Lerngeschwindigkeit und den Lernumfang zu kontrollieren und entsprechend den Fähigkeiten des Kindes anzupassen.

Da Leistungsgruppen jedoch auch dazu führen können, dass die Kinder in der Klasse sich voneinander abgrenzen und dadurch insbesondere die leistungsschwächeren Kinder benachteiligt sind, sollte *individuelle Förderung* in Form z.B. kooperativer Arbeitsweisen gefördert werden. Formen der individuellen Förderung sind die Einführung von Partnerarbeit, das Arbeiten mit einer Werkstatt, in der verschiedene Stationen vorgesehen sind, mit denen jedes Kind seine Aufgaben löst (z.B. Lückenwörter eintragen, Rätsel lösen).

> Binnendifferenzierung bedeutet, das Lernangebot an den spezifischen Lernvoraussetzungen eines jeden Kindes auszurichten.

> **Fallbeispiel: Partnerarbeit in der Schule**
>
> Peter und Regina sollen mit den Wortkarten die Unterscheidung von kurz und lang gesprochen Vokalen im Wortstamm üben. Die Deutschlehrerin hat für diese Aufgabe Wortkarten ausgeteilt. Auf diesen Karten sollen die beiden das Zeichen für die Vokallänge unterhalb des Vokals markieren: einen Punkt für den kurz gesprochenen Vokal und einen langen Strich für den lang gesprochenen Vokal.
>
> Peter und Regina besprechen, wie sie die Aufgabe lösen werden. Sie entscheiden, dass bei der Hälfte der Wörter Peter das Wort zuerst laut vorspricht. Dann soll er den Vokal einmal lang und einmal kurz aussprechen. Regina entscheidet dann, ob der Vokal kurz oder lang richtig gesprochen ist. Dann besprechen sie ihre Entscheidung, und Peter malt das entsprechende Zeichen unter den Vokal. Am Anfang diskutieren die beiden noch häufig über Reginas Vorschlag, aber bald sind sich beide schnell einig, welches die richtige Lösung ist.

Binnendifferenzierung dehnt sich u. U. auch auf die Hausaufgaben aus. So kann es sinnvoll sein, entsprechend dem Lernstand des einzelnen Kindes differenziert Hausaufgabe zu verteilen.

Schulische Fördergruppen

In Fördergruppen fassen die Schulen ausschließlich Kinder mit Schwierigkeiten beim Lesen und Rechtschreiben zusammen; damit ist die Lernsituation emotional entlastet. Durch eine Gruppenbegrenzung auf maximal fünf bis sechs Kinder ist es der Lehrerin möglich, sich individuell dem einzelnen Kind zuzuwenden.

Die Einrichtung von Fördergruppen zusätzlich zum Unterricht wird in Schulen nur vereinzelt angeboten.

Die Einrichtung von Fördergruppen kann eine wirksame Fördermethode sein, wenn die folgenden drei Regeln eingehalten werden.

Erstens: Der Förderunterricht findet zweimal wöchentlich in Kleingruppen statt. Wie selten diese Regel eingehalten wird, lesen Sie auf S. 125.

Zweitens: Die Gruppenzusammensetzung sollte möglichst leistungshomogen und störungsspezifisch sein. Das bedeutet beispielsweise, dass Kinder mit einer Rechenschwäche separat von Kindern mit einer Legasthenie gefördert werden.

Drittens: Die Fördergruppe arbeitet nach einem wirksamkeitsgeprüften Konzept. Es liegt auf der Hand, dass das zugrunde liegende Konzept entscheidend für den Erfolg von Fördergruppen ist (s. Abb. 24 auf S. 123) und dass die Förderung nur auf wirksamkeitsgeprüfte Förderkonzepte aufgebaut werden sollte. Aber davon gibt es zur Zeit erst wenige.

Die Abb. 24 zeigt den Verlauf der Lese- und Rechtschreibleistung von Kindern mit einer Legasthenie in schulischen Fördergruppen. Im Rahmen eines Modellprojektes wurde die Wirksamkeit des Marburger Rechtschreibtrainings und einer schulinternen Förderung untersucht. In Kleingruppen bis maximal sieben Kindern wurden zweimal wöchentlich Schüler der zweiten und dritten Klasse gefördert. Die Förderung fand in den ersten bis vierten Schulstunden parallel zum normalen Unterricht statt. In den Förderstunden wurde 20 Minuten mit dem Trainingsprogramm gearbeitet, die restliche Zeit wurde zum Spielen mit den Kindern verwendet. Die Kinder in den Fördergruppen haben z. T. einzeln, z. T. in Gruppen gearbeitet.

Die Kinder waren sehr motiviert und freuten sich auf die Förderstunden. In einem speziellen Förderraum waren an den Wänden die Materialien des Trainingsprogramms aufgehängt. Jedes Kind hatte seine eigene Fördermappe, die mithilfe von Fotokopien erstellt wurde.

Nach Abschluss des Förderprogramms wurde die Entwicklung im Lesen und Rechtschreiben weiter verfolgt. In der Abb. 24 können Sie sehen, dass die Kinder sich trotz des Endes der Förderung weiterhin im Lesen und Rechtschreiben verbesserten. Wir nehmen an, dass bereits ein so genann-

Abb. 24: Ergebnisse einer Studie zur Wirksamkeit schulischer Fördergruppen auf die Lese- und Rechtschreibleistung. Beide Kurven, gelb und lila, zeigen, dass sich die Kinder der schulischen Fördergruppen im Rahmen einer zweijährigen Förderung deutlich verbessern. (Quelle: Schulte-Körne et al. 2003)

ter »Transfereffekt« entstanden ist. Dieser Effekt bedeutet, dass die Kinder aus dem spezifisch Gelernten jetzt in der Lage sind, ihr Wissen auf nicht gelernte Wörter zu übertragen. D.h., die Kinder sind jetzt in der Lage, die Lernprinzipien und Lernstrategien anzuwenden, unabhängig davon, ob sie die Wörter zuvor gesehen haben oder nicht.

Welche Kinder werden in schulische Fördergruppen aufgenommen?

Leider hat sich erwiesen, dass die Urteile von Lehrern über die Lese- und Rechtschreibfähigkeit eines Kindes nur in geringem Ausmaß mit den Ergebnissen übereinstimmen, die ein Lese- und Rechtschreibtest misst (s. S. 43–45). Da die Übereinstimmung zwischen Lehrerurteil und Testergebnissen durchschnittlich nur 25 % ist, können Sie davon ausgehen, dass viele Kinder fälschlicherweise den Fördergruppen zugeordnet werden und andere Kinder mit Förderbedarf im Lesen und Rechtschreiben nicht in die Fördergruppen gelangen.

Ein Grund hierfür könnte sein, dass bei der Beurteilung durch die Lehrer noch zusätzliche Kriterien eine Rolle spielen, z.B. die allgemeine Begabung, angeblich Legasthenie-typische Fehler, aber auch die soziale Schicht und das Sozialverhalten des Kindes. So kann es zu diagnostischen Einschätzungen kommen, die nicht im Sinne des spezifischen Förderbedarfs des Kindes sind. Daher wird zu Recht die Einführung von objektiven Screeningverfahren gefordert, die den subjektiven Einfluss des Lehrerurteils mindern und eine Vergleichbarkeit der Schülerleistung in einer Klasse und Schule herstellen. Andererseits sollte die Ausbildung im Lehramtsstudium dahingehend erweitert werden, dass die angehenden Lehrerinnen und Lehrer im Studium auch die Entwicklungsprozesse des normalen und gestörten Schriftspracherwerbs lernen und in der Diagnostik von Lernstörungen einschließlich der Legasthenie geschult werden.

Erfolg der Fördergruppen

Die Wirksamkeit der schulischen Förderung wurde bisher kaum untersucht. Ein Problem dieser Form der schulischen Förderung ist ohne Zweifel, dass die Förderkurse überwiegend nach der regulären Unterrichtszeit angeboten werden. Bei Grundschülern, zu denen Ihr Kind wahrscheinlich gehört, ist das gewöhnlich die fünfte und sechste Schulstunde. Dieses Vor-

Ein grundlegendes Problem besteht in der Auswahl der Förderkinder durch die Lehrer. Diese Auswahl setzt gute diagnostische Fähigkeiten voraus.

Schulische Fördergruppen werden meist in den letzten beiden Stunden des Vormittags durchgeführt und enthalten Kinder mit ganz unterschiedlichen Problemen. Die Ergebnisse sind dementsprechend.

gehen ist nicht zu empfehlen, weil die Aufmerksamkeit und Motivation Ihres Kindes für eine spezifische Förderung dann nicht mehr ausreichen. Ferner weicht die Anzahl der erteilten von der der geplanten Förderstunden oft erheblich ab. Wenn durchschnittlich 70% der geplanten Förderstunden auch wirklich erteilt werden, ist das in der deutschen Schulpraxis schon eine recht hohe Rate.

Schulische Verwaltungsvorschriften

Die Kultusministerkonferenz hat 2003 eine Neufassung der *Grundsätze zur Förderung von Schülern mit besonderen Schwierigkeiten beim Erlernen des Lesens und Rechtschreibens* beschlossen. Erstmals wurden diese Grundsätze 1978 beschlossen; bis 2003 waren sie die rechtliche Grundlage für die in den einzelnen Bundesländern geltenden, eigenständigen Regelungen in Form von Erlassen und Verwaltungsvorschriften. Zurzeit werden in den einzelnen Bundesländern neue Erlasse und Verwaltungsvorschriften beraten. Die aktuellen, gültigen Regelungen der einzelnen Bundesländer finden Sie auf der Internetseite des Bundesverbandes Legasthenie und Dyskalkulie e.V. unter www.Legasthenie.net.

Förderrichtlinien und Verwaltungsvorschriften – welche Rechte hat Ihr legasthenes Kind?

Ziel dieser Regelungen ist es, für die einzelnen Bundesländer schulische Standards im Umgang mit Kindern mit Schwierigkeiten beim Lesen und Rechtschreiben zu schaffen. Die einzelnen Regelungen weichen jedoch erheblich voneinander ab. Die Folge ist, dass Ihr legasthenes Kind recht unterschiedliche Ansprüche auf Diagnostik und Förderung hat, je nachdem, in welchem Bundesland Sie wohnen. Als Eltern sollten Sie sich in jedem Fall über die gesetzlichen Grundlagen informieren und auch die Umsetzung Ihres Anspruchs einfordern.

Der Inhalt der Richtlinien

In Bayern wurden Förderrichtlinien erlassen, die ausführlich zu folgenden Punkten Stellung nehmen: Ursachen, Erscheinungsbild, Diagnostik, Aufgaben der Schule, Fördermaßnahmen, Leistungsfeststellung und -bewertung. Im Wesentlichen wird in allen Erlassen auf diese Punkte eingegangen. Jedoch ist die Regelung von Bundesland zu Bundesland unterschiedlich. Zum Beispiel wird hinsichtlich des Personenkreises, der die Diagnostik durchführen darf, unterschiedlich verfahren. Bremen, das seit 1995 keinen Erlass hat, ermöglicht aber einen Nachteilsausgleich (s. S. 129), wenn die Diagnose durch eine LRS-Beratungsstelle bzw. den schulpsychologischen oder schulärztlichen Dienst gestellt wird. Im Saarland wie auch in anderen Bundesländern erfolgt die Diagnostik durch die Lehrer. In Bayern, das verschiedene Formen der Störungen der Schriftsprache unterscheidet (eine Lese-Rechtschreibstörung von einer Lese-Rechtschreibschwäche), soll die Diagnostik von einem Kinder- und Jugendpsychiater in Zusammenarbeit mit einem Schulpsychologen durchgeführt werden.

Unterschiedlich sind auch die Empfehlungen zu den Fördermaßnahmen und vor allem der Förderdauer.

Da die Legasthenie häufig bis ins Erwachsenenalter fortbesteht, ist es notwendig, die schulische Förderung und Entlastung bis zum Ende der Schulzeit festzuschreiben. Die bisherige Rechtslage ist aber ganz uneinheitlich. Während Bayern eine Förderung und eine Berücksichtigung der Legasthenie bei der Notengebung im Abschlusszeugnis vorsieht, endet in Sachsen-Anhalt die Berücksichtigung in der vierten Klasse.

Förderung in Legasthenie-Klassen

Eine spezifische Form der intensiven Förderung ist die Einrichtung von LRS-Klassen. Diese gibt es allerdings nur in einzelnen Bundesländern, z. B. in Baden-Württemberg (Freiburg und Karlsruhe), in Sachsen (Dresden) und Mecklenburg-Vorpommern. In der ehemaligen DDR wurden systematisch LRS-Klassen an Sprachheilschulen eingerichtet, aber sie wurden nach der Wiedervereinigung zum größten Teil aufgegeben.

In den LRS-Klassen werden nach systematisch erprobten Methoden Lesen und Rechtschreiben vermittelt. Es gibt mehr Deutschunterricht, also eine intensivere Förderung der Kinder. Hinzu kommt, dass die Größe der Klassen begrenzt ist und z. T. maximal 15 Schüler in die Klassen aufgenommen werden. LRS-Klassen sind im Wesentlichen für das zweite bis vierte Schuljahr eingerichtet, in einzelnen Schulen gibt es LRS-Klassen aber auch an weiterführenden Schulen.

Die LRS-Klassen wurden für besonders schwer betroffene Legastheniker eingerichtet. Ihr Besuch wirkt sich nicht allein positiv auf die Entwicklung der Lese- und Rechtschreibfähigkeit aus, sondern auch auf die Fersönlichkeitsentwicklung.

Obwohl die Erfolge der LRS-Klassen unbestreitbar sind und ihre Einrichtung einen wesentlichen Beitrag zur schulischen Förderung von Legasthenikern leistet, sind sie in ihrem Bestand ständig gefährdet.

Hilfe im Internat

Die Internatsunterbringung erfolgt unter verschiedenen Aspekten. Die meisten Jugendlichen, die ein Internat besuchen, das auch spezifische Angebote für Legastheniker anbietet, haben zusätzlich zur Legasthenie weitere Probleme, entweder familiärer Natur oder als zusätzliche psychische Störung.

In Internaten wird häufig ein integratives sozialpädagogisches Konzept angeboten. Bei psychischen Störungen gibt es zwar in den Internaten direkt keine Psychotherapie; sie kann aber über Kooperationen mit niedergelassenen Psychotherapeuten abgedeckt werden.

Es gibt bundesweit nur sehr wenige Internate, die spezifische Angebote für Legastheniker anbieten.

Wenn Sie überlegen, ob für Ihr Kind eine Internatsunterbringung sinnvoll ist oder nicht, ist die Überprüfung des schulischen Angebots unerlässlich. Außer dem Nachweis seiner Kenntnisse um das Störungsbild und schulischem Förderunterricht sollte das Internat einen spezifischen therapeutischen Bereich anbieten, der sowohl die psychosoziale Integration des Kindes als auch die Förderung von Lesen und Rechtschreiben umfasst.

Die psychosoziale Stabilisierung des Kindes kann durch verschiedene therapeutische Angebote erfolgen. Dazu zählen z.B. Gruppenangebote im musischen, künstlerisch-kreativen und sportlichen Bereich. Diese Angebote fördern einerseits motorische Geschicklichkeit, visuelle und auditive Wahrnehmung und Kreativität. Andererseits kann das Gruppensetting die psychosoziale Kompetenz Ihres Kindes stärken, sein Selbstwertgefühl verbessern und die Persönlichkeitsentwicklung voranbringen.

Nicht selten wird zusätzlich Reiten angeboten, z.T. als therapeutisches Reiten. Dem Reiten kommt eine besondere Bedeutung zu, da der Kontakt zu einem Tier, zu dem eine Beziehung aufgebaut werden muss, um es zu reiten, eine spezifische Sensibilität erfordert. Die Kinder erlernen beim Reiten, Angst zu überwinden und mit der neu erlangten Macht über ein Tier verantwortungsbewusst umzugehen.

Die Förderung und Betreuung eines legasthenen Kindes im Internat gehört zu den Formen der Hilfe, die am wenigsten in Anspruch genommen werden, obwohl ein zunehmender Bedarf vorhanden ist.

Ist dem Internat eine Schule angegliedert, in der Legasthenie als Störungsbild bekannt ist? Gibt es schulischen Förderunterricht?

Kostenübernahme oder -erleichterung ist möglich.

Die Finanzierung einer Internatsunterbringung erfolgt dann über den öffentlichen Jugendhilfeträger, wenn die Voraussetzungen für den § 35a Kinder- und Jugendhilfegesetz (KJHG) erfüllt sind (s. S. 157). Die Eltern werden, abhängig von der Prüfung der Einkommensverhältnisse, zu den Kosten herangezogen.

Die Internatsunterbringung ist durch polemische Presseberichte in Verruf geraten, stellt jedoch gerade für Kinder, die unter einer schweren Legasthenie leiden und an ihrem Wohnort keine adäquate Hilfe finden, oft die letzte Möglichkeit dar.

Notenschutz

Notenschutz sollte bei Vorliegen einer Legasthenie gewährt werden, da er zu einer deutlichen psychischen Entlastung des betroffenen Kindes führen kann.

Eine weitere Form von schulischen Hilfen ist der *Notenschutz*. Die Regelungen zur Anwendung von Notenschutz finden Sie in den Erlassen der einzelnen Kultusministerien. Notenschutz bedeutet, dass bei einem Kind, bei dem die Klassenkonferenz festgestellt hat, dass eine Lese-Rechtschreibstörung oder Lese-Rechtschreibschwäche vorliegt, die Rechtschreibleistung bei der Bewertung der schriftlichen Arbeiten und die Leseleistung bei mündlichen Aufgaben und den Zeugnissen nicht berücksichtigt werden darf. Alternativ zu den Noten wäre eine mündliche Beurteilung möglich oder die Leistung wird ohne die Lese- bzw. Rechtschreibleistung bewertet.

In einzelnen Bundesländern wie z.B. Hessen wird der Notenschutz nur dann angewendet, wenn die Leistung im Lesen und/oder Rechtschreiben geringer als *ausreichend* ist.

Bis zu 50 % der Kinder und Jugendlichen mit einer Lese-Rechtschreibstörung zeigen psychische Auffälligkeiten (s. S. 54). Sie sind als Folge der ausgeprägten emotionalen Belastung der Schüler anzusehen. Ein wesentlicher Grund für diese Belastung sind die Schulnoten, denn die Note im Fach Deutsch ist wichtig für die Versetzung und noch wichtiger für die Schulempfehlung von Klassenstufe 4 zu 5, für den Weg zur weiterführenden Schule.

Wenn die schriftlichen Arbeiten Ihres legasthenen Kindes bewertet werden wie die aller anderen Schüler, obwohl seine Lese-Rechtschreibstörung als eine Form einer Behinderung angesehen werden kann, bedeutet das für Ihr Kind eine erhebliche Benachteiligung. Schließlich würde, um einen krassen Vergleich zu wählen, bei einer Körperhinderung, die mit einer erheblichen Einschränkung der Motorik verbunden ist, bei einem betroffenen Schüler die Leistung im Fach Sport auch nur unter Berücksichtigung der Behinderung bewertet.

Aufgrund der Bedeutung des Notenschutzes im Sinne der persönlichen und emotionalen Entwicklung sollte dieser bis zum Ende der Schulzeit gewährt werden. Dies trifft insbesondere für die Oberstufe im Gymnasium zu, da die Legastheniker sonst in den Möglichkeiten des Zugangs zum Hochschulstudium entscheidend benachteiligt werden.

Nachteilsausgleich

Der *Nachteilsausgleich* wird sowohl im Fach Deutsch als auch in den Fremdsprachen angewendet. Ziel des Nachteilsausgleichs ist, die Folgen der Behinderung (also der Legasthenie) durch entsprechende Hilfestellungen auszugleichen. Wichtig ist der Nachteilsausgleich, wenn es um die Versetzung geht. Zum Beispiel darf in der bayrischen und hessischen Regelung die Legasthenie allein kein Grund sein, die Versetzung zu gefährden.

Ferner wird die Anwendung des Nachteilsausgleichs auf die Schulnoten im Zeugnis vermerkt. Dort finden Sie die Anmerkung, dass aufgrund der Legasthenie die Leistungen im Lesen und Rechtschreiben entweder nicht bewertet oder zurückhaltend bewertet wurden. Nachfolgend eine Übersicht über die verschiedenen Formen des Nachteilsausgleichs.

> **Auch der Nachteilsausgleich ist in entsprechenden Erlassen der Kultusministerien geregelt. Die Regelungen der Bundesländer hierzu sind wie zum Notenschutz uneinheitlich.**

Verschiedene Formen des Nachteilsausgleichs

- Einsatz von Computern mit Fehlerkorrekturprogramm
- Individuelle Bemessung der Zeitangaben bei der Leistungsüberprüfung im Lesen und Rechtschreiben
- Möglichkeit, schriftliche Arbeiten zunächst mündlich anzufertigen und sie mit ausreichender Zeit später zu verschriftlichen
- Ausnutzung verschiedener Formen der Vermittlung von Rechtschreibfähigkeit bei ausgeprägter Lese- und Rechtschreibstörung (z. B. Lautgebärden, s. S. 94)
- Verringerte Anzahl von Aufgaben

Prinzipien und Methoden der Förderung: Was ist sinnvoll?

Die Angebote für Förderung bei der Legasthenie sind für Eltern kaum zu überschauen. Aber die Konzepte werden oft nicht benannt oder sind nicht zu verstehen. Wenn Sie wissen, welche Förderprinzipien wichtig und wirksam sind, können Sie die Informationen besser einordnen.

Das Bild der Legasthenie ist komplex: Viele Ursachen wirken zusammen, und die Störung kann viele Formen annehmen und unterschiedlich ausgeprägt sein.
Es überrascht daher nicht, dass auch für die Behandlung der Legasthenie ein multimodaler Ansatz sinnvoll ist. Dieser Ansatz orientiert sich an den auf S. 73 zusammengestellten Aspekten.

> **Es gibt keine Fördermethode, die für alle passt. Sie als Eltern sollten sich beraten lassen, was Ihrem Kind mit seinen spezifischen Problemen am besten hilft.**

Kriterien für die Auswahl der Fördermethode

- Form der Störung (Lese- und Rechtschreibstörung oder isolierte Lese- bzw. Rechtschreibstörung)
- Schweregrad der Störung
- Entwicklungsstand in der Schriftsprachentwicklung
- Vorliegen von komorbiden Störungen (z. B. Aufmerksamkeits-Hyperaktivitätsstörung)
- Alter des Kindes (z. B. Unterscheidung zwischen vorschulischer und schulischer Förderung)
- Soziales Umfeld (z. B. häusliche Unterstützung und Förderung beim Schriftspracherwerb)
- Schulisches Umfeld (z. B. Angebot von Förderunterricht)

Um ein Kind mit einer Legasthenie zu fördern, sollten mehrere Institutionen zusammenarbeiten und ein Netzwerk bilden.
Dieses Netzwerk, bestehend aus Elternhaus, Schule, schulpsychologischem Dienst, psychologischen Beratungsstellen sowie ggf. dem Jugendamt (vgl. Abb. 18 auf S. 99), versucht, die unterschiedlichen Sichtweisen und Herangehensweisen zur Hilfe für das betroffene Kind zu integrieren. Ein »Knoten im Netzwerk« bildet sich häufig gerade bei der Kooperation der Eltern mit der Schule.
Wenn sie erschwert ist, wird die Vermittlung durch unbeteiligte Dritte, z. B. Kinder- und Jugendpsychiater oder Schulpsychologen, erforderlich.
Die Formen der Förderung können nach verschiedenen Gesichtspunkten differenziert werden.
Je genauer die Diagnostik die Probleme Ihres Kindes lokalisiert hat, umso gezielter können Sie die angemessene Förderung auswählen.

Training basaler Wahrnehmungsfunktionen

Die Bedeutung von basalen Wahrnehmungstrainings wird vollkommen überschätzt. Sie als Eltern sollten diese Methoden nicht für Ihr Kind anwenden, da sie erstens nicht wirksam sind und zweitens wichtige Zeit für die Förderung mit wirksamen Methoden verloren geht.

Ausgehend von der Annahme, dass der Legasthenie spezifische Defizite in der Wahrnehmung von auditiver und visueller Information zugrunde liegen, versucht man, diese Schwächen zu behandeln und dadurch die Voraussetzungen für das Erlernen der Schriftsprache zu verbessern.

Die Trainingsansätze zur Verbesserung der auditiven Wahrnehmung sind sehr verbreitet. Das hat zwei Gründe: Ein schneller Therapieerfolg wird häufig in Aussicht gestellt, und für viele Anwender scheint ein Training der Wahrnehmung sehr plausibel.

Obwohl die auf S. 74–78 dargestellten Befunde die Bedeutung der auditiven Wahrnehmung für die Legasthenie bestätigen, muss hier doch wiederholt werden, dass sich bisher die Trainings von basalen Wahrnehmungsfunktionen nicht als wirksam erwiesen haben. Was sich in der Grundlagenforschung nachweisen ließ, ist ein Defizit der Sprachwahrnehmung und -verarbeitung.

Diese Fähigkeiten der Sprachwahrnehmung und -verarbeitung sollten daher trainiert werden. Aber in den Förderungsprogrammen – zumindest in deutschsprachigen Förderprogrammen – sind sie nur selten integrativer Bestandteil der Förderung.

Auditive Wahrnehmung

Bisher konnte für keine der aufgeführten Therapien nachgewiesen werden, dass sie verbessernd auf die Lese- und Rechtschreibfähigkeit bei der Legasthenie wirkt.

Trainingsprogramme von basalen Wahrnehmungsfunktionen haben zum Ziel, spezifische Funktionen des Nervensystems, die als gestört vermutet werden, zu trainieren. Unklar ist, welche neurophysiologischen Prozesse dazu führen könnten, trotz Beeinträchtigung gerade diese Hirnfunktionen zu trainieren.

Die Übersicht auf S. 133 (nach von Suchodoletz 2003) fasst die populären Trainingsmethoden zusammen.

Auch wenn in Einzelfallberichten von deutlichen Verbesserungen berichtet wird, so kann daraus jedoch nicht von einer auf andere legasthene Kinder übertragbare Wirkung geschlossen werden.

Immer wieder berichten die Medien über neue, schnell wirksame, effektive Fördermethoden. So gewann auch ein finnisches Computerprogramm besondere Aufmerksamkeit: Angeblich führte das Training der Zuordnung von Tonfolgen zu visuellen Zeichenfolgen innerhalb von nur 14 Trainings-

---

Trainingsmethoden der auditiven Wahrnehmung

- Training der auditiven Wahrnehmung (Tonhöhenunterscheidung, Ordnungsschwellentraining, Unterscheidung von Rhythmus und Lautstärke)
- Training des Richtungshörens
- Hochtontraining
- Klangtherapie
- Schalltherapie
- Therapie nach Tomatis

> **Bedenken Sie, dass unwirksame Therapiemethoden auch schaden können.**

einheiten mit einer Dauer von jeweils zehn Minuten zu einer deutlichen Verbesserung der Leseleistung. Die genaue Durchsicht der wissenschaftlichen Veröffentlichung relativiert jedoch die Medienberichte. Im Vergleich mit einer Kontrollgruppe waren die Therapieeffekte des finnischen Verfahrens sehr gering und praktisch ohne Bedeutung.

Daher sollten Sie diese Therapieansätze bei Ihrem Kind auch so lange nicht anwenden, bis ein Wirksamkeitsnachweis vorliegt. Ein gewisser Schaden entsteht in jedem Fall beim Einsatz von nicht wirksamen Trainingsmethoden dadurch, dass ein wichtiger Zeitabschnitt, den Sie für eine effektive Förderung Ihres Kindes nutzen könnten, ungenutzt bleibt. Und möglicherweise verschlechtert sich das legasthene Kind sogar in seiner Lese- und Rechtschreibleistung.

Visuelle Wahrnehmung

Auch die Trainingsprogramme zur Verbesserung der visuellen Wahrnehmung haben in den letzten Jahren deutlich an Popularität zugenommen. Die folgende Übersicht (nach von Suchodoletz 2003) fasst die wesentlichen Therapiekonzepte zusammen.

> **Auch hier konnte die Wirksamkeit nicht nachgewiesen werden. Einige Methoden sind sogar gefährlich für Ihr Kind.**

Trainingsmethoden der visuellen Wahrnehmung

- Einsatz von Farbfolien und farbigen Brillengläsern (Irlen-Therapie)
- Rasterbrillen
- Training des beidäugigen Sehens
- Training der Blicksteuerung

Irlen-Gläser und -Farbfolien: keine Hilfe bei der Legasthenie.

Rasterbrillen: können die Sache schlimmer machen.

Prismenbrillen: umstritten und in ihrer Wirkung zweifelhaft.

Programme zur Steuerung der Blickbewegung: verbessern das Lesen und Rechtschreiben nicht.

In den letzten Jahren hat der Einsatz von Farbfolien, den vor allem Optiker empfehlen, deutlich zugenommen. Bislang konnten jedoch keine wissenschaftlich fundierten Belege für die Wirksamkeit dieser Therapie bei der Legasthenie erbracht werden.

Auch das Tragen von Rasterbrillen verbessert nicht die Lese- und Rechtschreibleistung. Im Gegenteil: Das Tragen einer Rasterbrille kann dazu führen, dass ein latentes Schielen, das für die meisten Kinder ohne Bedeutung ist, in ein manifestes Schielen übergeht, das dann zum Auftreten von Doppelbildern führt. Daher wird auch vom Berufsverband der Augenärzte vor dem Tragen solcher Brillen gewarnt.

Ob bei einem latenten Schielen das Tragen von Prismenbrillen empfohlen werden kann, ist in der Fachwelt umstritten. Auch diese Therapiemethode wird von Optikern empfohlen. Aber die empirische Basis für die Wirksamkeit dieser Methode ist sehr gering. Die bisher vorliegenden, deutschsprachigen Wirksamkeitsstudien zeigen zwar eine Verbesserung beim Tragen von Prismenbrillen. Aber gleichzeitig erhielten die untersuchten Kinder eine Legasthenieförderung, und es lässt sich nicht abgrenzen, worauf die Erfolge zurückzuführen sind.

Auch die Verordnung von Prismenbrillen kann schwere Folgen haben, sodass eine Operation am Auge notwendig wird, um den durch die Behandlung mit der Prismenbrille vergrößerten Schielwinkel zu korrigieren. Daher warnt auch der Berufsverband der Augenärzte nachdrücklich vor der Behandlung mit Prismenbrillen.

Viele Untersuchungen liegen zur Steuerung der Blickbewegungen bei der Legasthenie vor (s. S. 79). Daher war es auch nahe liegend, die Wirksamkeit von Trainingsprogrammen anzunehmen, die zu einer verbesserten Blicksteuerung bei Legasthenikern führen.

Bisher reicht die empirische Beweislage jedoch nicht aus, um diese Therapie zu empfehlen.

Auch bei dieser Therapiemethode besteht eine deutliche Diskrepanz zwischen den in der Öffentlichkeit verkündeten Therapieeffekten und Effekten, die sich tatsächlich wissenschaftlich nachweisen lassen. Die meisten therapeutischen Ansätze führen zwar zu einer deutlich verbesserten Blicksteuerung, diese beeinflusst jedoch die Lese- und Rechtschreibleistung nicht positiv.

Symptomspezifische Trainings

In diesem Abschnitt geht es um Förderprogramme, die nicht versuchen, die basale Wahrnehmung Ihres Kindes zu trainieren, sondern bei den Symptomen ansetzen, die das Kind zeigt. Sie enthalten daher z.B. Programme zur Verbesserung der Lautbewusstheit (phonologische Trainingsprogramme) oder auch orthografische Trainingsprogramme (z.B. Rechtschreibregeltrainings).

Diese Förderprogramme sind der Schriftsprache nahe und fördern in der Regel Teilprozesse des Lesens und Rechtschreibens.

Entwicklungsmodell des Schriftspracherwerbs

Die symptomspezifischen Trainings gehen von der allmählichen Entwicklung Ihres Kindes im Schriftspracherwerb aus. Diese Entwicklung verläuft in Phasen. Sicher erinnern Sie sich nicht allein an die ersten Wörter, die Ihr Kind sprach, sondern auch an frühe Versuche, z.B. den eigenen Namen zu schreiben: Damit trat Ihr Kind in die erste Phase der Schriftsprachentwicklung ein.

Nach dem Modell des Schriftspracherwerbs von Uta Frith (1985) lässt sich der Lernprozess verschiedenen Entwicklungsstufen zuordnen (s. Abb. 25). Das Modell geht zunächst von einer so genannten vorschulischen, *logografischen Entwicklungsstufe* aus. Diese Entwicklungsstufe ist eine präalphabetische und dadurch gekennzeichnet, dass die Kinder noch kein Wissen über die Buchstaben-Laut-Beziehung haben. Beim Lesen drückt sich das so aus, dass die Kinder z.B. ihren Namen an einem für das Kind wichtigen Merkmal erkennen wie z.B.: Sein Vorname beginnt mit einem S, daher heißt das Wort auch Susanne. Oder so genannte Logogramme, wie z.B. der Schriftzug einer bestimmten Marke wie ARAL, wird erkannt und scheinbar gelesen, ohne dass das Kind die Buchstaben-Laut-Zuordnung verwendet.

Die logografische Entwicklungsstufe: Lesen anhand von Merkmalen.

Stufenmodell des Schriftspracherwerbs

3. Stufe:	orthografisch
2. Stufe:	alphabetisch
1. Stufe:	logografisch

Leseerwerb

Abb. 25: Stufenmodell des Schriftspracherwerbs nach U. Fith (Quelle: Schulte-Körne 2001)

Das vorschulische Schreiben ist gekennzeichnet durch die Anwendung von Zeichen und Symbolen, z. B. von verschiedenen Strichen, die nacheinander angeordnet werden und für ein Wort stehen. Z. T. kennen die Kinder bereits Buchstaben, die sie auch schreiben. Vorherrschend ist dann eine Schreibung, die im Wesentlichen aus Konsonantenhäufungen besteht, wie z. B. *zmr* für *Zimmer*.

Die alphabetische (phonologische) Entwicklungsstufe: lautgetreu schreiben in den ersten beiden Schuljahren.

Die darauf folgende *alphabetische (phonologische) Entwicklungsstufe* beginnt mit der schulischen Unterrichtung. Durch die Vermittlung der Buchstaben-Laut-Zuordnung wird das Prinzip der Schriftsprache eingeführt. Die Verschriftlichung ist im Wesentlichen lautgetreu, das Lesen ist durch das Erlesen von einzelnen Buchstaben und das Verbinden der einzelnen Laute gekennzeichnet. Diese Stufe kennzeichnet überwiegend den Entwicklungsfortschritt in den ersten beiden Grundschulklassen.

Die orthografische Entwicklungsstufe: In der Schriftsprache heimisch werden.

Die *orthografische Entwicklungsstufe* wird gekennzeichnet durch den Erwerb von Wissen über Regelmäßigkeiten von Buchstabenfolgen, Morphemen und übergeordneten, grammatikalischen und semantischen Strukturen der Schriftsprache. Das Kind weiß nun, dass die Endung -ig auch -ich geschrieben werden kann, niemals aber -ic, ik oder -ick. Auf dieser Entwicklungsstufe sind die Kinder in der Lage, durch den Zugriff auf ein so genanntes *Lexikon*, ein einzelnes Wort als Ganzes zu lesen. Die Lesegeschwindigkeit nimmt deutlich zu.

Die Analyse der Verschriftlichung Ihres Kindes erlaubt im Sinne dieses Schriftspracherwerbsmodells die Zuordnung zu einer dieser Stufen. Auch wenn nicht immer eine klare Abgrenzung möglich ist, so kann eine Zuordnung zu den Entwicklungsstufen hilfreich für die Förderplanung sein.

Die Fehleranalyse setzt Erfahrungen voraus und sollte im Rahmen der Diagnostik durchgeführt werden. Die Ergebnisse dieser Analyse fließen dann in die Therapieplanung ein.

Fallbeispiel: Fehleranalyse zur Beurteilung des Entwicklungsstandes im Schriftspracherwerb

Die Psychologin, die Max eingehend untersucht hat, lässt sich von Max' Mutter sein Hausaufgabenheft zeigen. Zusammen mit den Schreibungen von Max und der genauen Analyse der Fehler im Rechtschreibtest versucht die Psychologin, Max' Niveau im Entwicklungsprozess des Schreibens herauszuarbeiten.

> Die Psychologin erklärt Max' Mutter die Befunde. Max schreibe im Wesentlichen noch lautgetreu. Er schreibt zum Beispiel *Zil* anstatt *Ziel* oder *Hunt* anstatt *Hund*. In einzelnen Wörtern könne man aber auch beobachten, dass er orthografisches Wissen anwende. z. B. würde er bei *Gahbel* ein so genanntes Dehnungs-h einfügen, das zwar an dieser Stelle falsch ist, aber als ein Zeichen für den lang gesprochenen Vokal richtig wäre. Anhand der Fehleranalyse plant die Psychologin die Schwerpunkte der Förderung für die nächsten Wochen.

Entsprechend dem Schriftspracherwerbs-Modell sind die Förderprogramme, die im Wesentlichen die Lautunterscheidung und die Buchstaben-Laut-Zuordnung fördern, der alphabetischen Entwicklungsstufe zuzuordnen. Rechtschreibtrainings, die auf der Vermittlung von Regelhaftigkeiten der deutschen Schriftsprache basieren, gehören zur orthografischen Entwicklungsstufe.

Wenn die Rechtschreibleistung Ihres Kindes nach diesem Modell untersucht wird, lässt sich ein passender, »maßgeschneiderter« Förderansatz empfehlen (z. B. Förderung von Lautbewusstheit oder von orthografischem Wissen).

Förderung im Kindergarten

Die Empfehlung, so früh wie möglich zu fördern, kann auch auf den vorschulischen Bereich ausgedehnt werden. Neuere wissenschaftliche Studien zeigen, dass frühzeitige und systematische Förderung im Kindergartenalter die spätere Schriftsprachentwicklung sehr positiv beeinflusst.

Sie als Eltern können in diesen Jahren viel tun. Suchen Sie auch die Zusammenarbeit mit den Erzieherinnen des Kindergartens, den Ihr Kind besucht.

Ein Programm für Vorschulkinder

Ein recht gut untersuchtes Programm, das in den letzten sechs Monaten vor der Einschulung im Kindergarten durchgeführt werden kann, ist das Würzburger Trainingsprogramm *Hören, lauschen, lernen* von Petra Küspert und Wolfgang Schneider.

Dieses Programm liegt als Trainingsmappe mit Übungen vor und ist als tägliches Training von ca. zehn Minuten in Kleingruppen über elf Wochen konzipiert. Es wurde für Erzieher/-innen in den Kindergärten entwickelt, die es unter Anleitung durchführen können. Eine kontinuierliche Supervision des Trainings ist empfehlenswert, weil die meisten Erzieher/innen nicht gewohnt sind, über einen längeren Zeitraum nach einem so strukturierten Konzept zu arbeiten. Außerdem sind nicht wenige Erzieher/innen skeptisch gegenüber Trainings, die möglicherweise schulischen Wissenserwerb vermitteln.

Das Trainingsprogramm ist in sechs Trainingseinheiten aufgebaut (s. Abb. 26 und 27 auf dieser Seite).

Das Training führt zu einer deutlichen Verbesserung der phonologischen Bewusstheit, die eine der wesentlichen Voraussetzungen für den erfolgreichen Schriftspracherwerb darstellt. Der Vergleich von Kindern, die dieses Training durchlaufen haben, mit nicht trainierten Kindern zeigt, dass die Trainingskinder in den ersten drei Grundschuljahren einen deutlichen Vorsprung in der Lese- und Rechtschreibfähigkeit aufwiesen. Insbesondere die Kinder, die in der Vorschulzeit geringere phonologische Fähigkeiten aufweisen, profitieren von diesem Training.

Dieses Programm wird mittlerweile nicht nur im Kindergarten, sondern auch in der lerntherapeutischen Praxis und in Beratungsstellen angeboten. Neben diesem phonologischen Training sollte zusätzlich die Buchstaben-Laut-Zuordnung trainiert werden. Es hat sich erwiesen, dass die Kombi-

---

Förderung im Kindergarten Übungseinheiten 1–3

- **Lauschspiele** (1. Trainingswoche: Ausrichten der Aufmerksamkeit auf Geräusche in der Umgebung)

- **Reime** (Reime hören, erkennen, selbst bilden)

- **Sätze und Wörter** (ab 3. Trainingswoche: Wörter erkennen, Wörter verbinden, z. B. aus »Schnee« und »Mann« wird »Schneemann«)

Förderung im Kindergarten Übungseinheiten 4–6

- **Silben** (ab der 5. Woche: Silben erkennen, Wörter in Silben zergliedern, Silben verbinden, anhand von Bewegungsspielen)

- **Anlaute** (ab der 7. Woche: Anlaute erkennen und unterscheiden)

- **Phoneme (Laute)** (ab der 11. Woche: Laute erkennen und unterscheiden innerhalb eines Wortes, Laute verbinden)

Abb. 26 und 27: Trainingsinhalte des vorschulischen Präventionsprogramms *Hören, lauschen, lernen* (Quelle: Küspert und Schneider 2001) nation dieser beiden Trainingsformen für die weitere Lese- und Rechtschreibentwicklung am effektivsten ist. Hierzu gibt es seit 2004 ein Förderprogramm *Hören, lauschen, lernen 2,* mit dem allerdings noch keine weiteren Erfahrungen gemacht werden konnten.

Förderung auf der alphabetischen Entwicklungsstufe: Förderung der Lesefähigkeit

Der Ansatz, phonologische Bewusstheit zu fördern, geht auf die zahlreichen empirischen Befunde zurück, die eindrucksvoll belegen, dass phonologische Bewusstheit einen zentralen Faktor für den Schriftspracherwerb darstellt (s. S. 83–85). Mittlerweile liegen viele (im Wesentlichen englischsprachige) Therapiestudien vor, die die Wirksamkeit dieses Förderansatzes zeigen. In seinem Vordergrund stehen die auf S. 140 zusammengefassten Aspekte.

> Förderung sollte so früh und so spezifisch wie möglich erfolgen. Phonologische Trainings sind geeignet zur Prävention und in den beiden ersten Grundschuljahren.

> **Förderung der phonologischen Bewusstheit**
>
> - Lautunterscheidung
> - Analyse (Zerlegen von Wörtern in Laute)
> - Synthese (Zusammenfügen von Lauten zu Wörtern)
> - Silbengliederung
> - Lautgedächtnis

Neben der Förderung von phonologischer Bewusstheit gehört hierzu auch die Förderung folgender Bereiche, die bei der Legasthenie meistens schwächer ausgebildet sind.

- Buchstaben-Laut- und Laut-Buchstaben-Zuordnung
- Förderung der Wortlesefähigkeit

Die Förderung sollte sehr intensiv und so früh wie möglich erfolgen. Eine Förderung im Einzeltraining ist der Gruppenförderung überlegen, weil dabei spezifischer auf das individuelle Lernniveau eines Kindes eingegangen werden kann.

Die Wirksamkeit dieser Förderung wurde bisher meist an englischsprachigen Kindern untersucht; die Ergebnisse sind also nicht ohne weiteres auf deutschsprachige Kinder übertragbar.

Einzelne Studien mit deutschsprachigen Kindern beweisen aber, dass auch bei ihnen eine Verbesserung der Lese- und Rechtschreibleistung erreicht wurde. Allerdings trat diese Verbesserung nur dann ein, wenn die Förderung im ersten Schuljahr bis zur Mitte der zweiten Klasse stattfand.

Bei älteren Kindern ab dem dritten Schuljahr ließ sich die Wirksamkeit phonologischer Trainings zur Verbesserung der Lese- und Rechtschreibleistung bei Legasthenikern kaum belegen; deshalb ist ihr Einsatz in den höheren Klassen umstritten.

Eine intensive Förderung sollte mehrmals wöchentlich über mindestens ein halbes Jahr stattfinden.

Fallbeispiel: Stufen der Leseförderung

Hans nimmt an einem Leseförderprogramm teil, das in der ersten Klasse bereits begonnen wurde. Bei ihm liegt ein Risiko vor, eine Legasthenie zu entwickeln. Sein drei Jahre älterer Bruder hat auch eine Legasthenie, und der vorschulische Test hat gezeigt, dass Hans zu der Risikogruppe gehört.

Daher kann er auch an der von der Schule modellhaft gestarteten Leseförderung teilnehmen. Zusätzlich zum Deutschunterricht lernt Hans, die einzelnen Laute in Wörter zu unterscheiden. Er bekommt Laute vorgesprochen, die er zusammenschleifen soll. Auch das Lesen von einfachen Wörtern wird gefördert, dazu soll er Silbenbögen benutzen. Da er Silben kennt, fällt es Max zunächst leicht, die Wörter in Silben zu durchgliedern.

Im Rahmen der Förderung werden die Aufgaben immer dann verändert, wenn Hans die vorigen Aufgaben bewältigt hat.

Jetzt kommt ein Wortlistentraining neu hinzu. Am Computer werden ihm Wörter gezeigt, die nach gewissen Prinzipien zusammengestellt und speziell für seine Probleme ausgewählt wurden. Eine Reihe von Wörtern erkennt Max nicht. Der Trainer empfiehlt ihm, die Wörter zu durchgliedern und ggf. den Teil eines Wortes herauszusuchen, den er bereits kennt.

In jedem Fall sollte die Leseförderung systematisch aufgebaut sein. Zu Beginn stellt man leichte Leseaufgaben in der Weise, dass Ihr Kind sofort einen Erfolg spürt. Dieses Prinzip der Null-Fehler-Grenze ist wesentlich für die Motivation und sollte grundlegendes Prinzip zu Beginn der Förderung sein.

Zu Beginn der Förderung geht es darum, die Buchstaben-Laut-Zuordnung zu erlernen und die Laute zu lernen. Anschließend werden die Laute verbunden und dann erst Silben und Wörter gelesen.

Bei einer ausgeprägten Legasthenie wird die Lautunterscheidung manchmal durch Lautgebärden oder Handzeichen unterstützt. Es handelt sich dabei um Zeichen für einzelne Laute oder Buchstabenformen, die allerdings nicht einheitlich gebraucht werden. Der Einsatz dieser Lautgebärden zur Leseförderung ist umstritten, da bisher in kontrollierten Wirksamkeitsstudien kein Therapieeffekt dieser Fördermethode gezeigt werden konnte.

Förderung auf der orthografischen Entwicklungsstufe: Förderung der Rechtschreibung

Abhängig von den Voraussetzungen und dem Entwicklungsstand des Kindes in der Rechtschreibung, werden verschiedene Formen zur Förderung der Rechtschreibleistung eingesetzt.

Von den Trainingsprogrammen zur Förderung von orthografischem Wissen haben sich Förderprogramme, basierend auf Regel- und Morphemtraining, als wirksam erwiesen.

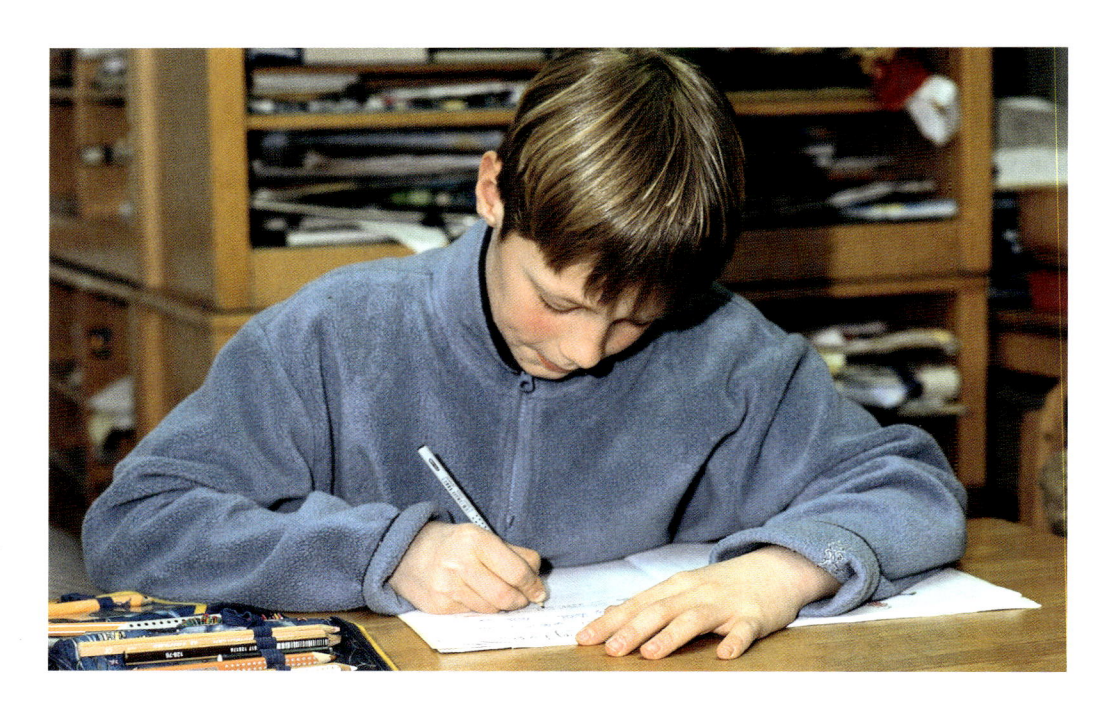

Fallbeispiel: Systematische Rechtschreibförderung

Nadine bekommt seit zwei Jahren die Förderung in der Rechtschreibung. Solange sie noch Schwierigkeiten bei der Buchstaben-Laut-Zuordnung aufweist und erhebliche Rechtschreibprobleme hat, bekommt sie zunächst einfache Aufgaben des Schreibens. Unterstützt werden diese Aufgaben durch phonologische Trainings.

Durch Gliederungsaufgaben wird versucht, Nadine die Schriftsprachstruktur zu vermitteln. Hierzu gehört die Gliederung der zusammengesetzten Hauptwörter z. B. in Vor- und End-Silben, in Wortstamm bzw. Wortstämme. Unterstützt wird diese Durchgliederung durch grafische Zeichen oder lautes Mitsprechen von Silben.

Die Förderung der Rechtschreibung ist, aufgrund der Komplexität der deutschen Orthografie, häufig recht umfangreich. Mindestens über einen Zeitraum von ein bis zwei Jahren sollte ein- bis zweimal wöchentlich gefördert werden. Auch hier ist die Einzel- der Gruppenförderung vorzuziehen.

Förderung des Rechtschreibens

- Schreiben von einzelnen Buchstaben mit Hilfestellung zur Ausrichtung und Form
- Abschreiben von Wörtern und Texten, z. T. mit lautem Mitsprechen und Abdecken des abzuschreibenden Textes
- Schreiben und Abschreiben mit gleichzeitigem Mitsprechen Silbe für Silbe
- Schreiben mithilfe von Handzeichen bzw. Lautgebärden
- Morphemtraining
- Analogieübungen
- Rechtschreibregeltraining

Regeltraining

Der Einsatz eines Regeltrainings ist unter dem Gesichtspunkt sinnvoll, dass Regelfehler einen großen Anteil an den Rechtschreibfehlern von Grundschulkindern haben. Bei Kindern der zweiten Klasse sind 66 % der Rechtschreibfehler Regelfehler.

Außerdem haben Legastheniker häufig keinerlei Regelwissen oder können – auch bei ausreichender Regelkenntnis – die Regeln oft nicht anwenden.

Rechtschreibaufgaben, die in Einzelprozessen richtig durchgeführt werden (z. B. Mitlautverdopplung nach kurzem Selbstlaut: *Tasse*) können nicht auf den gesamten Schriftsprachprozess übertragen werden (z. B. wenn zusätzlich die Entscheidung über Groß- und Kleinschreibung getroffen werden muss).

Rechtschreibregeltrainings können sehr gut auch bei legasthenen Schülern eingesetzt werden, die eine weiterführende Schule besuchen.

Leider gibt es – ebenso wie zur Wirksamkeit von Lesefördermethoden – kaum Untersuchungen der Wirksamkeit von Förderungsmaßnahmen gegen die Rechtschreibstörung.

In unabhängigen Studien hat sich allerdings erwiesen, dass Trainings, die regelgeleitet vorgehen, recht wirksam sind. Auch das silbenweise Mitsprechen als Unterstützungsmethode der Durchgliederung übt erwiesenermaßen einen fördernden Einfluss aus.

Viele Förderprogramme setzen die Vermittlung von Rechtschreibregeln ein. Das ist sinnvoll und hilft Ihrem Kind, sich zurechtzufinden.

Förderung mit dem Computer

Die Attraktivität von Computerprogrammen und Lernsoftware ist nach wie vor sehr hoch. Viele Eltern schaffen Computerprogramme für zu Hause an, weil sie durch die Art der Präsentation der Aufgaben ihr Kind motivieren möchten, sich mit dem Lesen und Rechtschreiben auseinander zu setzen.

Aber auch für die Computerprogramme stellt sich die Frage der Wirksamkeit. Leider gibt es erst wenige Untersuchungen zur Wirksamkeit von Computerprogrammen. Ihre Ergebnisse weisen aber alle in eine Richtung: Es konnte nicht nachgewiesen werden, dass die Lernsoftware dem konventionellen, gedruckten Übungsmaterial überlegen wäre.

Computer können sinnvoll zur Unterstützung der Lerntherapie eingesetzt werden, ersetzen aber niemals die systematische Anleitung!

Was für den PC spricht

Einen großen Vorteil hat der Computer: Wahrscheinlich arbeitet Ihr Kind lieber mit Tastatur und Bildschirm als mit Stift und Heft. Die Motivation zu schreiben ist bei diesem Medium höher. Manche Kinder arbeiten auch

---

Möglichkeiten der Computerförderung

- Möglichkeiten der Sprachausgabe, Zuordnung der Buchstaben auf dem Bildschirm zu Lauten
- Erleichterung des selektiven Trainings von Fehlerschwerpunkten durch das Laden von Wortlisten
- Mediale Unterstützung von kritischen Stellen im Wort
- Selektive Präsentation von Wortteilen
- Geschwindigkeitskontrolle bei Aufgaben
- Dokumentation des Lernfortschritts durch Speicherung der individuellen Leistungen über eine längeren Zeitraum

---

deshalb gern mit dem Computer, weil sie nicht mit der Hand schreiben müssen.

Außerdem korrigiert der PC mit unübertrefflichem Gleichmut die Schreibfehler Ihres Kindes immer wieder – während Sie als Eltern trotz guter Vorsätze irgendwann doch sauer werden. Und die Korrekturen hinterlassen häufig keine »Spuren«. Die fertige Arbeit sieht aus, als hätte sie nie Fehler gehabt.

Nutzen Sie die Faszination, die der PC auf Ihr Kind ausübt.

Dadurch, dass Kinder heute schon früh Erfahrungen im Umgang mit dem Computer sammeln, bereitet ihnen die Benutzung des Computers häufig keine Probleme. Allerdings verbinden Kinder häufiger Computerspiele mit dem Computer und nicht, vergleichbar der Arbeit mit Papier und Bleistift, das mühsame Lernen. Die Vorteile, die der Computer für die Förderung bietet, werden nachfolgend zusammengefasst.

Bedenken gegen den PC

Trotzdem ist es nicht empfehlenswert, bereits bei Schreibanfängern den Computer einzusetzen.

Auch wenn der Computer eine Reihe von Möglichkeiten bietet, die beim Einsatz von Übungen auf Papier nicht zur Verfügung stehen, so ersetzt ein Computerprogramm nicht die systematische Anleitung in der Legasthenieförderung. Computerprogramme stellen ein Hilfsmittel dar, sie ersetzen nicht die Förderung. Daher ist es auch nicht sinnvoll, Kinder allein mit einer Lernsoftware arbeiten zu lassen. Auch bei Computerprogrammen

Wenn Sie als Eltern Computerprogramme zur Legasthenieförderung einsetzen, benötigen Sie ebenso Unterstützung wie bei anderen Förderkonzepten.

benötigen die Kinder Anleitung und Rückmeldung. Der PC ist der Förderung z.B. bei allen Aufgaben unterlegen, die eine mündliche Lösung verlangen, etwa bei der aktiven Unterscheidung der Vokallänge im Wortstamm.

Sie als Eltern sollten sich beim Einsatz von Computerprogrammen zur Legasthenieförderung ebenso beraten lassen wie bei anderen Förderkonzepten, und zwar bei folgenden Problemen, die bei vielen Programmen auftreten:

- spezielle Auswahl von Wortlisten
- Einstellungen z.B. der Präsentationszeit von Wörtern auf dem Bildschirm
- Auswahl von Wortlisten zu unterschiedlichen Fehlerschwerpunkten und Themengebieten

Außerdem ist nicht jeder Teil eines Computerprogramms sinnvoll. Manche Übungen sollten besser ausgelassen werden, da ihr Übungszweck zu gering ist.

Das Angebot an Lernsoftware

Lassen Sie sich Zeit, nehmen Sie Beratung von Seiten der Förderstelle in Anspruch, und richten Sie sich nach dem, was Ihr Kind braucht.

Das Angebot an Lernsoftware ist mittlerweile so umfangreich, dass eine Übersicht hierzu kaum noch möglich erscheint. Es gibt Computerprogramme, die generell die Lese- und Rechtschreibkompetenz fördern sollen, die jedoch nicht speziell für Legastheniker entwickelt worden sind. Oft enthalten die Programme mehrere Einheiten, aber nicht alle sind sinnvoll und empfehlenswert. Lassen Sie die Finger von Übungen, die keinen Bezug zu Buchstaben oder Lauten haben, sondern lediglich die visuelle oder akustische Wahrnehmung fördern; sie sind für Ihr Kind nicht hilfreich.

Kriterien für die Auswahl von Lernsoftware für die Legasthenieförderung

- Relevanz der Lernbereiche
- Auswahl des Wortmaterials für die Übungen
- Gewichtung der Themenschwerpunkte

Empfehlenswerte Software (Auswahl)

Software	Anwendungsbereich	Kosten in €	Inhalt	Bewertung
LolliPop Deutsch 1–4, Cornelsen Verlag; ausgezeichnet mit dem Deutschen-Bildungssoftware-Preis	1 und 4	40,39	Umfangreiches Programm, orientiert sich an den Problempunkten der Jahrgangsstufen 1 und 4	Gut aufgemacht, jedoch mit einer Reihe von Fehlern
Universelles Worttraining, Eugen Traeger Lernsoftware-Verlag	Klassen 1–4	Einzellizenz 47,–	Überwiegend Rechtschreibtraining; Sammlung von Wortlisten (über 200) nach Themenschwerpunkten (z. B. Konsonantenverdoppelung); Lesen, Abschreiben, Einsetzübungen; Möglichkeit der Eingabe von eigenen Wortlisten; Lernkartei; Zeugnisausdruck	Nur Teile der Übungen sind empfehlenswert
Budenberg, K. Emmig GmbH	Klassen 1–6 (Gesamtpaket aus 51 Einzelprogrammen)	110,–	Leseübungen (Buchstaben, Silben), Lesespiele, phonologische Fähigkeiten werden geübt. Wortschatztraining, Textschreiben (Abschreibübungen)	Empfehlenswert
Lesen (Version 1.0), Cesar, CES Verlag	Klassen 1–4	99,50	12 Lernspiele, die in vier Gruppen eingeteilt sind. 1. Gruppe: visuelle Wahrnehmung; 2. Gruppe: Buchstaben erkennen; 3. Gruppe: phonologische Fähigkeiten (Reime und Silben erkennen); 4. Gruppe: Wortlesen bzw. Worterkennen	Gruppe 1 und 2 nicht zu empfehlen
Der Neue Karolus (Version 2.1), Veris Verlag	Grundschule und höhere Klassen	39,90	Begleitsoftware zum Kieler Lese- und Rechtschreibaufbau. Training von phonologischen Fähigkeiten (Silben, Laute erkennen und unterscheiden); Lese- und Schreibspiele	Empfehlenswert, insbesondere bei Lese- und Schreibbeginn
Wortbaustelle, Eugen Traeger Lernsoftware-Verlag	Klassen 3–7	Einzellizenz 47,–	Leseförderung, Wörtervergleiche, Silben erkennen, Morphem-Unterscheidung; insgesamt 11 Programme, abwechslungsreiche Programmgestaltung	Nur in Teilen empfehlenswert
GUT 1 (Grundwortschatz und Transfertraining), Computer und Lernen Verlag	Klassen 2–8	Einzellizenz 40,–	Rechtschreibtraining, Auswahllisten von Wörtern nach Fehlerschwerpunkten, Wiederholungen, Rechtschreibregeln	Empfehlenswert

Wenn auch die Seele Hilfe braucht

Bei der Legasthenie tritt oft eine Reihe von zusätzlichen Störungen auf (s. S. 53–59). Zu den häufigsten gehören die hyperkinetischen Störungen, Störungen des Sozialverhaltens, Emotionalstörungen und depressive Episoden.

Das Vorliegen solcher Störungen beeinflusst die ganze Konzeption von Förderung und Behandlung bei der Legasthenie. Wenn z.B. bei einem legasthenen Kind zusätzlich eine Aufmerksamkeits-Hyperaktivitätsstörung vorliegt, ist die Behandlung dieser Störung ebenso wichtig wie die Behandlung der Lese- und Rechtschreibstörung. Ein unruhiges, nicht aufmerksames Kind ist nicht in der Lage, sich auf eine Übung zu konzentrieren und den Lerninhalt aufzunehmen. Zusätzlich belastet das hyperaktive Verhalten häufig das gesamte familiäre Zusammenleben, sodass die Behandlung dieser Störung erst einmal Vorrang hat.

> Das Vorliegen von zusätzlichen Störungen bei einer Legasthenie erfordert spezifische Behandlungsmethoden, die wiederum eine eingehende Diagnostik voraussetzen.

Integration von lerntherapeutischen Konzepten in die Förderung

Das Lern- und Arbeitsverhalten der Legastheniker lässt oft zu wünschen übrig. Diesem Satz werden Sie als Eltern wahrscheinlich zustimmen. So verwenden Legastheniker häufig weniger Zeit auf die aktive Bearbeitung einer Aufgabe und setzen vorhandenes Wissen in geringerem Maße ein. Sicher haben auch Sie oft beobachtet, dass Ihr Kind »eigentlich« kann, was von ihm verlangt wird, und waren geneigt, eher ein Nicht-Wollen anzunehmen als ein Nicht-Können. Legastheniker üben eine geringere handlungsbegleitende Kontrolle bei ihren Lerntätigkeiten aus und greifen weniger auf übergeordnete, regelhafte Vorgehensweisen zurück. Durch das kontinuierlich erlebte Versagen entwickeln legasthene Kinder eine geringere Lernmotivation, bewerten ihre Leistungen von vornherein als geringer und erwarten eine schlechtere Leistungsbewertung von anderen.

Dies führt letztlich zu einem negativen Selbstbild und möglicherweise zu einer umfassenden Verweigerungshaltung in der Schule.

Ihr legasthenes Kind soll mit Lust lernen und muss häufig erst lernen, wie man lernt. Um den Erwerb bzw. Erhalt dieser Fähigkeiten geht es in dem folgenden Abschnitt.

Zauberwort Motivation

Es ist bei jedem Legastheniker notwendig, motivationale Lernprobleme bei der Förderung zu berücksichtigen. In der Tabelle auf dieser Seite sind allgemeine, wesentliche Aspekte für die Konzeption der Förderung zusammengefasst.

Empfehlungen zu Aufbau und Durchführung der Lernförderung

- Stufenweiser Aufbau der Lernschritte
- Schrittweises Vorgehen: Entdecken, Aneignen, Verbalisieren, Verinnerlichen, Automatisieren
- Aktives Üben
- Lernen durch Nachahmung an positivem Modell
- Unterstützung einer positiven Haltung zur Lernsituation und zu den eigenen Fähigkeiten
- Unmittelbare Rückmeldung über den Erfolg
- Verwendung speziell abgestimmter Verstärkerpläne (z. B. Belohner)
- Unterstützung von Selbstregulation und Anleitung zu planvollem Handeln

Behandlung psychischer Störungen, die oft mit der Legasthenie auftreten

Je nach dem Schweregrad der zusätzlichen Störung, die Ihr Kind aufweist, ist eine Beratung, eine Psychotherapie und/oder eine medikamentöse Behandlung sinnvoll. Wenden Sie sich für die Diagnostik der psychischen Störung stets an einen Facharzt für Kinder- und Jugendpsychiatrie und -psychotherapie, der auch die Konzeption der Behandlung aufstellen wird. Die Behandlung erfolgt meist ambulant, in Einzelfällen stationär.

Ambulante Behandlung

> **Die Behandlung einer psychischen Störung ist Heilbehandlung und wird daher von Krankenkassen übernommen.**

Zur Klärung des Behandlungsbedarfs sollten Sie sich an niedergelassene Fachärzte für Kinder- und Jugendpsychiatrie und -psychotherapie oder an Institutsambulanzen von Kliniken für Kinder- und Jugendpsychiatrie und -psychotherapie wenden. Die später erfolgende Behandlung wird dann überwiegend von niedergelassenen Psychotherapeuten vorgenommen.

Sie haben prinzipiell freie Arzt- bzw. Therapeutenwahl. Da es sehr unterschiedliche Methoden der psychotherapeutischen Behandlung gibt, sollten Sie sich bei der Auswahl beraten lassen und ggf. mit Ihrem Kind mehrere Therapeuten aufsuchen, ehe Sie sich für einen entscheiden. Die Behandlung besteht aus Einzelgesprächen und ggf. begleitenden Familiengesprächen. In Einzelfällen kann es auch notwendig sein, dass Ihr Kind Medikamente einnimmt, vor allem bei der Aufmerksamkeits-Hyperaktivitätsstörung.

Teilstationäre oder stationäre Behandlung

> **Bei einer ausgeprägten psychischen Störung kann eine teilstationäre oder stationäre Behandlung sinnvoll sein.**

Eine teilstationäre Behandlung erfolgt in einer Tagesklinik. Der Aufenthalt in einer Tagesklinik ist auf die Wochentage beschränkt. Abends und am Wochenende sind die Kinder wieder zu Hause. In einer Tagesklinik werden häufig legasthene Kinder mit einer ausgeprägten Aufmerksamkeits-Hyperaktivitätsstörung behandelt. Die Kinder verbringen mehrere Wochen dort und besuchen in dieser Zeit regelmäßig eine Schule (z.B. eine angeschlossene Klinikschule); gleichzeitig wird mit psychotherapeutischen Methoden versucht, ihr Verhalten und ihre Befindlichkeit sowie die Situation der Eltern positiv zu verändern.

Eine stationäre Behandlung ist nur bei schweren psychischen Störungen nötig, z.B. bei einer depressiven Störung mit Selbstmordgedanken. Dann werden die Kinder für mehrere Wochen in einer Klinik aufgenommen und von der Familie getrennt. Spezifische Behandlungsprogramme sollen den psychisch erkrankten Kindern und Jugendlichen helfen. Die Eltern werden in die Therapie miteinbezogen.

Was nicht hilft bei der Legasthenie!

Es wurde schon mehrmals darauf hingewiesen, dass die Trainings basaler Wahrnehmungsfunktionen in ihrer Wirksamkeit umstritten sind. Leider gibt es außer diesen Trainingsprogrammen noch eine ganze Reihe von Förderangeboten, die zwar populär sind, jedoch nicht helfen. Teilweise gehen die Kinder gerne zu einer Förderstunde, wo sie nicht Lesen und Schreiben üben müssen. Dies ist jedoch auf längere Sicht keine Lösung, da der Leistungsunterschied zu den nicht legasthenen Mitschülern immer größer wird.

Viele Ansätze zur Legasthenieförderung, die vor allem Eltern empfohlen werden, sind nicht wirksam, sondern können sogar schaden!

Die schwarze Liste

Es gibt eine Vielzahl therapeutischer Methoden, die bisher nicht nach wissenschaftlichen Standards untersucht sind. Bis jetzt liegt für sie kein Wirksamkeitsnachweis vor. Eine Reihe der genannten Methoden beruhen auf theoretischen Konzepten, die in sich nicht schlüssig sind und nur einen indirekten Bezug zur Legasthenie herstellen können.

Die Tabelle auf dieser Seite listet Förderkonzepte auf, deren Wirksamkeit bisher nicht belegt werden konnte. Insgesamt können alle genannten Methoden zur Therapie der Legasthenie nicht empfohlen werden.

Wenden Sie bei Ihrem Kind nur Methoden an, deren Wirksamkeit nachgewiesen wurde!

Förderkonzepte ohne nachgewiesene Wirkung

- Trainings zur Verbesserung der Raum-Lage-Labilität
- Training der visomotorischen Koordination
- Training der Koordination der Hemisphären (Edu-Kinestetik)
- Psychomotorisches Training
- Kybernetische Methode
- Taktil-kinästhetische Methode
- Davis-Methode
- Neurolinguistisches Programmieren (NLP)   (nach von Suchodoletz 2003)

Beratung für Eltern

**Nach der Diagnostik und der Feststellung
»Mein Kind hat eine Legasthenie« stellt sich die
Frage »Wo finde ich Hilfe und wer kann mein
Kind fördern?«
Der Angebotsmarkt ist sehr unübersichtlich.
Mit gezielten Fragen können Sie sich ein Bild
von der Qualität des Angebots machen.**

Sie können sich an verschiedene Stellen wenden, um erste Informationen einzuholen und sich gezielt weiterhelfen zu lassen.

Erstens: In psychologischen Beratungsstellen und Erziehungsberatungsstellen erhalten Sie bei Legasthenie und den damit auftretenden psychischen Problemen Beratung. Allerdings wird in diesen Einrichtungen nicht immer die Diagnostik der Legasthenie durchgeführt.

Zweitens: Der zuständige schulpsychologische Dienst bietet Beratung an. Hier sind die Zuständigkeitsbereiche der einzelnen Dienste z. T. so groß, dass die Kapazität für eine individuelle Beratung oft nicht ausreicht.

Drittens: Auch der Sozialdienst des öffentlichen Jugendhilfeträgers (meist Jugendamt) hilft weiter.

Viertens: Einen sehr großen Anteil der Beratungsarbeit übernehmen Eltern selbst, oft in Form einer Eltern-Selbsthilfegruppe.

Fünftens: Beratung wird bei den Einrichtungen angeboten, die die Diagnostik der Legasthenie durchführen. Hierzu zählen die Ärzte für Kinder- und Jugendpsychiatrie und -psychotherapie, psychologische Praxen und private Anbieter, die ihr diagnostisches Angebot mit einer Therapieempfehlung verbinden.

Der »Markt« der freien, privaten Anbieter ist sehr unterschiedlich. Verschiedene Berufsgruppen, wie z. B. Ergotherapeuten, Lehrer, Sozialarbeiter, Sozialpädagogen oder Logopäden, bieten hier ihre Dienste an.

> **Nicht allein die Schulen bieten Beratung und Förderung bei Legasthenie an. Außerschulische Beratung wird heute von verschiedenen Berufsgruppen und Institutionen angeboten.**

Qualitätsmerkmale für Anbieter von Förderung und Therapie

Oft wissen Eltern nicht, welche Art von Förderung für ihr Kind geeignet ist und wer eine entsprechende Förderung durchführt. Vor allem die Frage, ob der Anbieter überhaupt für die Förderung qualifiziert ist, ist oft schwer zu beantworten. Bis heute gibt es keine staatlich anerkannte Ausbildung, die spezifische für die Förderung bei der Legasthenie qualifiziert. So sind Titel wie z. B. *Legastheniertherapeut* oder Ähnliches vollkommen ungeschützt, d. h., jeder, der will, kann sich einen solchen Titel geben und seine Dienste anbieten. Auf S. 154 sind einzelne Aspekte angeführt, die eine Orientierung darstellen, anhand deren Förder- und Therapieangebote geprüft werden können.

> **Eltern sollten sich gut über das therapeutische Angebot informieren. Vor allem über die Fördermethoden, die angewendet werden sollen, denn nicht alles hilft bei der Legasthenie!**

So prüfen Sie das Therapieangebot

Welche Berufsausbildung?	Empfohlen: Pädagogische Ausbildung (Lehrer, Heilpädagoge, Heil- und Sonderpädagoge, Sozialarbeiter), Psychologische Ausbildung, Logopädische Ausbildung.
Psychotherapeutische Erfahrungen: Weiterbildung vorhanden?	Psychotherapeutische Weiterbildung, Fort- und Weiterbildung im Bereich der Kinder- und Jugendlichen-Psychotherapie gerade für Kinder mit psychischen Problemen
Qualifikation im Bereich des Schriftspracherwerbs?	War Legasthenie (bzw. der Schriftspracherwerb) ein Schwerpunktthema des Studiums? Liegen Zusatzqualifikationen vor? Wurden Fort- und Weiterbildungen zum Thema besucht?
Konzeption des Förderangebotes?	Nach welchem Konzept wird die Förderung durchgeführt? Orientiert sich die Förderung am Schriftspracherwerbsmodell? Lese- und Rechtschreibförderung oder Wahrnehmungstrainings?

In den letzten Jahren ist ein regelrechter Therapiemarkt entstanden, der kritisch zu bewerten ist. Es werden oft unsinnige Therapien angeboten und mit den Kindern durchgeführt, obwohl sie nicht im Mindesten zu einem Fortschritt im Lesen und Rechtschreiben beitragen können.

Da es viele Angebote auf dem freien Markt gibt, die nicht zu empfehlen sind, sind Eltern gut beraten, sich vor Beginn der Förderung bzw. der Therapie eingehend über das Angebot zu informieren.

Entscheidende Kriterien für den Erfolg der Förderung sind die Methoden der Therapie und die Ausbildung des Therapeuten. Die Kombination aus einem für diese Aufgabe gut qualifizierten Therapeuten zusammen mit der Anwendung einer als wirksam gezeigten Therapie sind die beste Voraussetzung für den Erfolg der Förderung.

Wonach Sie fragen sollten: fünf Regeln für Eltern

Erstens: Skeptisch sollten Sie immer dann sein, wenn die Diagnostik und Therapie in einer Hand liegen, d. h., wenn derjenige, der die Diagnose stellt, auch selbst die Therapie durchführt. Dieses Zusammentreffen bedeutet nicht von vornherein, dass hier Missbrauch betrieben wird, eine gewisse Skepsis kann aber angebracht sein.

Zweitens: Weiterhin sollten Sie für Ihr Kind eine Therapie ablehnen, bei der (auch) Methoden angewandt werden, die sich bisher als unwirksam gezeigt haben oder deren Wirksamkeit bisher noch nicht erwiesen ist. Dazu gehören alle basalen Wahrnehmungstrainings (einschließlich der Trainings der Blickbewegung und Blicksteuerung, des Trainings der Unterscheidung von Tonfolgen, Richtungshören, Ordnungsschwellentraining, s. S. 134).

Drittens: Skepsis ist auch dann berechtigt, wenn innerhalb kurzer Zeit ein deutlicher Therapieeffekt versprochen wird. Alle Erfolge, die mit Gewissheit in weniger als einem halben Jahr erreicht werden sollen, sind utopisch.

Viertens: Sie als Eltern sollten ablehnen, Ihr Kind in einer Gruppe mit mehr als fünf Kindern fördern zu lassen. Diese Art von Förderung ist nicht mehr effektiv.

Fünftens: Falls Ihr legasthenes Kind zusätzlich eine psychische Störung entwickelt hat, sollten Sie bei der Auswahl des Therapeuten darauf achten, dass auch psychotherapeutische Fachkompetenz vorhanden ist.

Wer hilft Ihnen, die Förderung Ihres Kindes zu bezahlen?

Viele Eltern wenden sich zunächst an ihre Krankenkasse. Aber obwohl die Lese-Rechtschreibstörung im *internationalen Klassifikationsschema für psychische Erkrankungen (ICD-10)* verankert wurde, ist die Behandlung der Legasthenie nicht als kassenärztliche Leistung anerkannt. Die Krankenversicherungen lehnen die Kostenübernahme oft mit der Begründung ab, dass nach dem Sozialgesetzbuch die Lese-Rechtschreibstörung nicht zu den Krankheiten zählt. Allerdings gibt es immer wieder einzelne Krankenkassen, die einer Kostenübernahme zustimmen, wenn nachgewiesen werden kann, dass die Störung auf eine Gehirnfunktionsstörung zurückzuführen ist. Dies ist aber die Ausnahme.

Die Finanzierung der Förderung eines legasthenen Kindes stellt Eltern oft vor große Probleme.

Daher wenden sich viele – in den letzten Jahren immer mehr – Eltern an die öffentliche Jugendhilfe (Jugendamt) und stellen dort einen Antrag auf Kostenübernahme.

Allerdings stellt die gestiegene Anzahl von Anträgen auf Eingliederungshilfe eine Herausforderung für die öffentliche Jugendhilfe dar. Die Jugend-

Sie als Eltern müssen wissen, auf welcher rechtlichen Grundlage Sie Hilfe für Ihr Kind beantragen können.

hilfe ist gemäß dem *Kinder- und Jugendhilfegesetz (KJHG)* durch eine Vielfalt von Trägern unterschiedlicher Wertorientierung und eine Vielfalt von Inhalten, Methoden und Arbeitsformen gekennzeichnet. Die Leistungen der Jugendhilfe werden von Trägern der freien Jugendhilfe (z.B. Erziehungsberatungsstellen) und von Trägern der öffentlichen Jugendhilfe (Jugendamt) erbracht.

Die öffentliche Jugendhilfe

Die nachfolgend beschriebenen Leistungsverpflichtungen richten sich an den Träger der öffentlichen Jugendhilfe. Zu den Formen der für die Legasthenieförderung relevanten Aufgaben gehören die *Hilfen zur Erziehung* (§ 27 SGB VIII) und die *Eingliederungshilfe* (§ 35a SGB VIII, IX). Ob seitens der Jugendhilfe nun Eingliederungshilfe oder Hilfe zur Erziehung gewährt wird, ist in der Praxis umstritten. Häufig wird nach § 35a Eingliederungshilfe gewährt. Beide Formen der Hilfe werden nachfolgend beschrieben.

§ 35a SGB VIII Eingliederungshilfe für seelisch behinderte Kinder und Jugendliche

> (1) Kinder und Jugendliche, die seelisch behindert oder von einer solchen Behinderung bedroht sind, haben Anspruch auf Eingliederungshilfe. Die Hilfe wird nach Bedarf im Einzelfall
>
> 1. in ambulanter Form,
> 2. in Tageseinrichtungen für Kinder oder in anderen teilstationären Einrichtungen,
> 3. durch geeignete Pflegepersonen und
> 4. in Einrichtungen über Tag und Nacht sowie sonstigen Wohnformen geleistet.

Dieser Paragraf ist für Ihr Kind wichtig.

Der Bundestag hat am 6. April 2001 das *Sozialgesetzbuch – Neuntes Buch – (SGB IX) Rehabilitation und Teilhabe behinderter Menschen* verabschiedet. In Artikel 8 Nr. 1 SGB IX wurde der § 35a SGB VIII neu gefasst bzw. dem vereinheitlichten Behinderungsbegriff angepasst. Jetzt heißt es:

> Kinder oder Jugendliche haben Anspruch auf Eingliederungshilfe, wenn ihre seelische Gesundheit mit hoher Wahrscheinlichkeit länger als sechs Monate von dem für ihr Lebensalter typischen Zustand abweicht und daher ihre Teilhabe am Leben in der Gesellschaft beeinträchtigt ist oder eine solche Beeinträchtigung zu erwarten ist.

Diese Neufassung betont den Aspekt *Schweregrad der Beeinträchtigung.* Die Formulierung bezeichnet eine seelische Störung, die nach ihrer Breite, Tiefe und Dauer die Fähigkeit zur Eingliederung in die Gesellschaft beeinträchtigt oder eine Beeinträchtigung erwarten lässt.

Für Aufgaben und Ziele der Hilfe, die Bestimmung des Personenkreises sowie die Art der Maßnahmen gelten § 39 Abs. 3 und § 40 des Bundessozialhilfegesetzes (BSHG) sowie die Verordnungen nach § 47 des BSHG, soweit die einzelnen Vorschriften auf seelisch Behinderte Anwendung finden.

§ 39 BSHG Personenkreis und Aufgabe

Hier wird der nach § 39 definierte Personenkreis dargestellt.

(1) Personen, die nicht nur vorübergehend körperlich, geistig oder seelisch wesentlich behindert sind, ist Eingliederungshilfe zu gewähren. Personen mit einer anderen körperlichen, geistigen oder seelischen Behinderung kann sie gewährt werden.

(2) Den Behinderten stehen die von einer Behinderung Bedrohten gleich. Dies gilt bei Personen, bei denen Maßnahmen der in den §§ 36 und 37 genannten Art erforderlich sind, nur, wenn bei Nichtdurchführung dieser Maßnahmen eine Behinderung einzutreten droht.

(3) Aufgabe der Eingliederungshilfe ist es, eine drohende Behinderung zu verhüten oder eine vorhandene Behinderung oder deren Folgen zu beseitigen oder zu mildern und den Behinderten in die Gesellschaft einzugliedern. Hierzu gehört vor allem, dem Behinderten die Teilnahme am Leben in der Gemeinschaft zu ermöglichen oder zu erleichtern, ihm die Ausübung eines angemessenen Berufs oder einer sonstigen angemessenen Tätigkeit zu ermöglichen oder ihn so weit wie möglich unabhängig von Pflege zu machen.

(4) Eingliederungshilfe wird gewährt, wenn und solange nach der Besonderheit des Einzelfalls, vor allem nach Art und Schwere der Behinderung, Aussicht besteht, dass die Aufgabe der Eingliederungshilfe erfüllt werden kann.

Legasthenie, eine seelische Behinderung?

Die Legasthenie Ihres Kindes allein gilt nicht als seelische Behinderung. Erst wenn sie zu psychischen Erkrankungen führt, können Sie als Eltern Unterstützung beantragen.

Unter der Voraussetzung der Erweiterung des Katalogs der Verordnung § 3 des § 47 BSHG auf die im ICD-10 genannten Störungen gehören die umschriebenen Entwicklungsstörungen (Legasthenie und Dyskalkulie) zu den psychischen Erkrankungen, die zu einer seelischen Behinderung führen können. d. h. aber auch, dass die Legasthenie an sich noch keine seelische Behinderung darstellen muss, jedoch zu einer seelischen Behinderung führen kann. In der Praxis bedeutet dies ferner, dass allein das Vorliegen der Legasthenie nicht dazu führt, dass § 35a oder § 27 (s. S. 157 und S. 159) angewandt wird.

Jedoch sind mit § 3 der Verordnung nur die schon seelisch Behinderten beschrieben. Da jedoch das KJHG Eingliederungshilfe für die Gruppe der von einer seelischen Behinderung Bedrohten und für seelisch nicht wesentlich Behinderte gewährt wird, müssen auch diese Gruppen definiert werden.

Wer ist behindert, wer von Behinderung bedroht?

Die Legasthenie wird zu einer drohenden Behinderung in dem Moment, in dem aufgrund dieser Störung die gesellschaftliche Integration gefährdet ist. Faktoren, die die gesellschaftliche Integration negativ beeinflussen können, sind Risikofaktoren. Risikofaktoren für die Legasthenie wurden aus der Forschungsliteratur gewonnen. Die Bedeutung der einzelnen Risikofaktoren können für jedes Kind unterschiedlich sein, teilweise können auch mehrere Risikofaktoren additiv wirken. Hierzu zählen

- der Schweregrad der Störung
- der Verlauf der Störung (chronisch)
- die evtl. vorliegenden zusätzlichen Erkrankungen und
- das soziale und familiäre Umfeld.

In der Praxis kann es also bedeuteten, dass die aufgetretenen schulbezogenen Ängste, die Schulverweigerung oder aggressive Verhaltensweise als Folge der Legasthenie aufgefasst werden und die Eingliederung in die Gesellschaft gefährden.

> Von einer Behinderung bedroht sind nach § 5 Eingliederungshilfe die Personen, bei denen der Eintritt der Behinderung nach allgemeiner ärztlicher oder sonstiger fachlicher Erkenntnis mit hoher Wahrscheinlichkeit zu erwarten ist.

§ 27 SGB

Der Paragraf 27a des SGB VIII hat im Vergleich zu § 35a den Vorzug, dass Hilfen nicht erst dann eingesetzt werden, wenn als Folge der Legasthenie eine seelische Behinderung droht bzw. eingetreten ist. Der folgende Gesetzestext verdeutlicht diesen Sachverhalt.

> »Hilfe zur Erziehung« – ein Ausweg zur Finanzierung der Legasthenietherapie.

(1) Ein Personenberechtigter hat bei der Erziehung eines Kindes oder eines Jugendlichen Anspruch auf Hilfe (Hilfe zur Erziehung), wenn eine dem Wohl des Kindes oder des Jugendlichen entsprechende Erziehung nicht gewährleistet ist und die Hilfe für seine Entwicklung geeignet und notwendig ist.
(2) Hilfe zur Erziehung wird insbesondere nach Maßgabe der §§ 28 bis 35 gewährt. Art und Umfang der Hilfe richten sich nach dem erzieherischen Bedarf im Einzelfall; dabei soll das engere soziale Umfeld des Kindes oder des Jugendlichen einbezogen werden.
(3) Hilfe zur Erziehung umfasst insbesondere die Gewährung pädagogischer und damit verbundener therapeutischer Leistungen.

Der § 27 SGB VIII wird zunehmend häufiger zur Finanzierung der Legasthenietherapie herangezogen. Teilweise besteht eine gewisse Skepsis seitens der Eltern, da angenommen wird, ein defizitärer Erziehungsstil sei die Voraussetzung für die Anwendung des § 27 SGB VIII.

Dem wird aber in Verwaltungsgerichtsurteilen widersprochen: Nicht die familiäre Erziehung muss gestört sein, sondern es liegt eine darüber hinausgehende Beeinträchtigung des Kindeswohls vor. Dazu können verschiedene Faktoren beitragen, z.B. soziale Benachteiligung oder eine Sozialisationsbedingung, die dazu führt, dass ohne Unterstützung diese Defizitsituation nicht verändert werden kann. Dies bedeutet, dass Eltern nicht in der Lage sind, im Rahmen ihrer Erziehungsaufgaben diese das Kindeswohl gefährdende Situation mit eigenen Kräften so zu verändern, dass das Kindeswohl nicht mehr gefährdet ist.

Der Antrag auf Kostenübernahme

Erster Ansprechpartner ist das Jugendamt, erste Station ein Hilfeplangespräch. Die wichtigste Voraussetzung für den Erfolg Ihres Antrags ist ein qualifiziertes Gutachten.

Da die Entscheidung über die Eingliederungshilfe für seelisch behinderte junge Menschen ausschließlich in der Verantwortung des zuständigen Jugendamts liegt, empfiehlt es sich dringend, rechtzeitig bei dem zuständigen Jugendamt Hilfsbedarf anzumelden bzw. einen förmlichen Antrag zu stellen. So vermeiden Sie, dass von dort die Übernahme der Kosten abgelehnt wird, weil nicht zuvor im Hilfeplangespräch alle Möglichkeiten der Hilfen überprüft wurden. Diese trifft insbesondere dann zu, wenn stationäre Hilfen z.B. in einem Internat geplant werden.

Je nach Fall wird das zuständige Jugendamt Informationen, Berichte oder gutachtliche Stellungnahmen von Fachärzten für Kinder- und Jugendpsychiatrie und -psychotherapie, von Diplom-Psychologen, von schulpsychologischer Seite oder der Schule einholen, um zu einer abschließenden Beurteilung zu gelangen, ob die Leistungstat-Bestandsvoraussetzungen gegeben und welche Hilfeformen notwendig und geeignet sind.

Die Kosten für ein Gutachten trägt grundsätzlich derjenige, der den Auftrag für seine Erstellung gegeben hat. In Einzelfällen werden auch die Landesärzte für seelisch Behinderte gebeten, im Rahmen ihrer Bestellung (nach § 126a BSHG) gutachtlich Stellung zu nehmen. Wenn Hilfe voraussichtlich für längere Zeit zu leisten ist, muss in Zusammenarbeit mit den

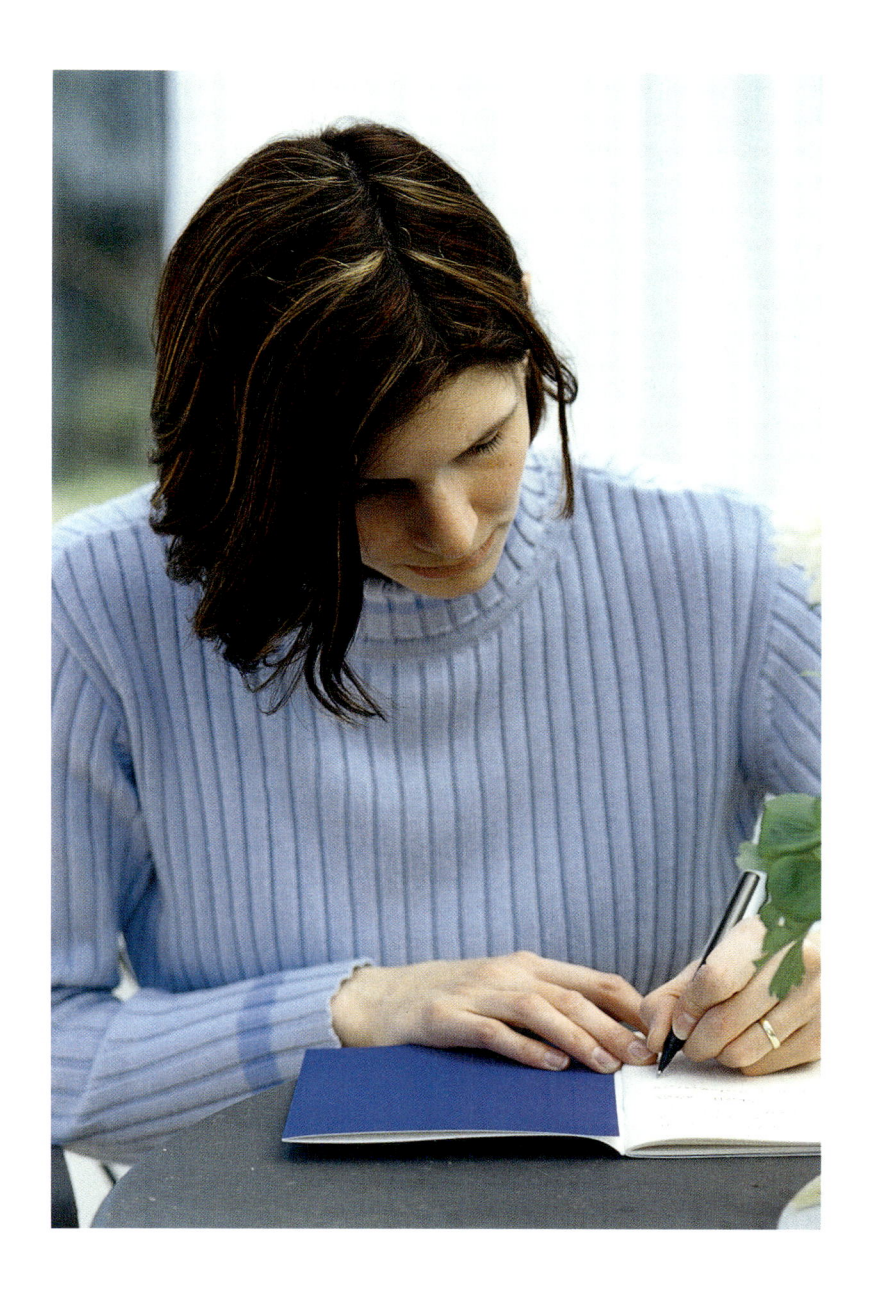

Leistungsadressaten (dem Jugendamt) ein Hilfeplan aufgestellt und fortlaufend überprüft werden. Dabei und bei der Durchführung der Hilfen soll nach § 36 Abs. 3 SGB VIII ein Arzt beteiligt werden, der über besondere Erfahrungen in der Hilfe für Behinderte verfügt. Erscheinen Maßnahmen der beruflichen Eingliederung erforderlich, so sollen auch die Stellen der Bundesanstalt für Arbeit beteiligt werden.

Die Gutachten sollten nach den Standards durchgeführt werden, die im Kapitel zur Diagnostik auf S. 23–36 dargestellt werden. Häufig scheitern die Antragsverfahren an der mangelnden Qualität der Gutachten. Die Entscheidung des zuständigen Jugendhilfeträgers ist maßgeblich durch das Zusammenführen der verschiedenen Informationsquellen (Schule, schulpsychologischer Dienst, Bericht der Eltern und des Kindes, Fachgutachten) beeinflusst.

In den meisten Fällen ist eine ambulante Maßnahme ausreichend. Hierbei sollte berücksichtigt werden, dass entsprechend dem individuellen Bedarf des Kindes eine ausschließlich auf die Verbesserung der Lese- und Rechtschreibleistung ausgerichtete Förderung nicht ausreichend ist. Die Förderung muss ebenfalls die psychischen Probleme des Kindes in adäquater Weise berücksichtigen.

Eltern-Selbsthilfe

Ein Teil dieser Selbsthilfegruppen hat sich länderübergreifend zum *Bundesverband Legasthenie und Dyskalkulie e. V.* organisiert.

Die Bedeutung der Eltern-Selbsthilfe ist in vielen Ländern groß, vor allem in Deutschland. Hier teilen Eltern die Erfahrungen, die sie mit der Schule, der Förderung, dem Wissen über die Ursachen und den Verlauf gemacht haben, mit anderen Eltern. Dieser oft sehr unbürokratische Kontakt, der oft zunächst am Telefon stattfindet, führt viele Eltern zur ersten Anlaufstelle, an der sie sich »richtig« verstanden fühlen. Bei regelmäßig angebotenen Elternabenden bekommen sie die Möglichkeit, sich auszutauschen und zu unterstützen. Gerade die gegenseitige Hilfe kann für die weitere Entwicklung des legasthenen Kindes von großer Bedeutung sein.

Der Bundesverband Legasthenie und Dyskalkulie (BLV) e. V.

Der *Bundesverband Legasthenie und Dyskalkulie e. V.* ist ein Zusammenschluss der Selbsthilfegruppen der einzelnen Bundesländer. Bereits auf Länderebene sind die lokalen Selbsthilfegruppen organisiert und bilden den jeweiligen Landesverband.

Ziel des Verbandes ist es, die Eltern in vielfältiger Weise zu unterstützen. Zu seinen Aufgaben gehört die Beratung in allen relevanten Bereichen wie z. B. bei Schulfragen, bei Fragen im Elternhaus, zur Förderung und bei sozialrechtlichen Fragen.

Nachfolgend sind wesentliche Aufgaben zusammengefasst:

- Beratung von Eltern und Betroffenen
- enger Dialog mit der Wissenschaft
- Zusammenstellung von Fachinformation
- Veranstaltung von Fachkongressen
- Durchführung von Fortbildungsveranstaltungen
- enger Austausch mit Ministerien, Schulen und anderen Bildungseinrichtungen
- Schaffung von Erlassen/Verwaltungsvorschriften und deren Umsetzung
- fachlicher Austausch mit Schulpsychologen, Beratungs- und Förderlehrern
- intensive Öffentlichkeitsarbeit
- regelmäßige Mitgliederinformation durch die BVL-Zeitschrift

Da es sich um eine ehrenamtliche Tätigkeit von Eltern handelt, gibt es nicht in allen Städten und Kreisen örtliche Selbsthilfegruppen. Wenn Sie in Erfahrung bringen möchten, wo in Deutschland entsprechende Gruppen gebildet wurden und welche für Sie am nächsten liegt, können Sie über das Internet oder direkt über die Landesverbände die entsprechenden Kontaktadressen erfragen (s. S. 164).

Anhang

Datenbanken

Internetadressen der Landesverbände des Bundesverbandes Legasthenie und Dyskalkulie (BVL) e. V.

Bayern
http://www.legasthenie-bayern.de

Berlin
http://www.lvl-berlin.de

Brandenburg
http://www.lv-legasthenie-brandenburg.de

Hessen
http://www.lvl-hessen.de

Niedersachsen
http://www.legasthenie-verband.de

Nordrhein-Westfalen
http://www.landesverband-legasthenie-nrw.de

Saarland
http://www.lvls.de

Schleswig-Holstein
http://www.lvl-sh.de

Allgemeine Informationen

www.bildungsserver.de
Der Deutsche Bildungsserver ist ein vom Bund und den Ländern getragenes Informationsportal zum deutschen Bildungswesen und bietet umfassende Informationen zum Thema Bildung im Internet.

www.schulweb.de
schulweb.de ist ein Teilprojekt aus dem deutschen Bildungsserver, das sich mit seinem Angebot direkt an Schüler und Lehrer wendet.

www.kmk.org
Die Kultusministerkonferenz im Internet. Bietet eher knochentrockene Infos, aber z. B. auch einen Ferienkalender und Links zu den einzelnen Kultusministerien der Länder.

www.verband-dyslexie.ch/deutsch/legasthenie/ursachen_lega.htm
Internetseite des Schweizer Legasthenie-Verbandes mit aktuellen und informativen Hinweisen für Eltern.

www.augeninfo.de
Informationsseite des Berufsverbandes der Augenärzte mit Informationen zur Diagnostik und Therapie bei Legasthenie aus augenärztlicher Sicht.

www.dgpp.de/inf2.htm
Informationsseite der *Deutsche Gesellschaft für Phoniatrie und Pädaudiologie e. V.* (gegr. 1983). Informationen für Eltern hör-, sprach- und stimmkranker Kinder.

www.kjp.uni-marburg.de/hjp(legast/index.html
Informationsseite der Forschungsgruppe Lese-Rechtschreibstörung an der Philipps Universität Marburg. Mit aktuellen und umfangreichen Informationen zu Diagnostik, Ursachen und Therapie.

Informationen zu Lernsoftware

www.sodis.de
SODIS ist ein gemeinsames Angebot der deutschen Länder und Österreichs und unterhält eine große Datenbank interaktiver Lernprogramme einschließlich Bewertungen.

www.i-cd-rom.de
Das Staatsinstitut für Schulqualität und Bildungsforschung in München betreibt eine Datenbank mit über 800 Einträgen für interaktive multimediale Bildungsprogramme.

www.lernsoftware.de
Lernsoftware.de ist ein Angebot eines Großhändlers für Lernsoftware. Umfassende Übersicht, aber durch den kommerziellen Hintergrund ist fraglich, ob der nötige Abstand für eine kritische Beurteilung der angebotenen Programme besteht.

Adressen von Selbsthilfeverbänden

Deutschland
Bundesverband Legasthenie und Dyskalkulie e. V.
Geschäftsstelle:
Königstraße 31
30175 Hannover
Tel.: 05 11 31 87 38
Fax: 05 11 31 87 39
Internet: www.bundesverband-legasthenie.de

Schweiz
Verband Dyslexie Schweiz
Sekretariat:
Alpenblick 17
CH-8311 Brütten
Tel.: +41 (0) 5 23 45 04 61
Fax: +41 (0) 5 23 45 04 62
www.verband-dyslexie.ch/deutsch/
verband_navi.htm

Österreich
Österreichischer Bundesverband
Legasthenie (ÖBVL)
Sekretariat:
c/o Mag. Magda Klein-Strasser
Rosentalgasse 13/11
A-1140 Wien
Tel.: +43 (0) 1 91 13 27 70
E-Mail: info@legasthenie.org
Internet: www.legasthenie.org

Großbritannien
The British Dyslexia Association (BDA)
Sekretariat:
98, London Road
Reading RG1 5AU
Tel.: +44 (0) 11 89 66 26 77
Fax: +44 (0) 11 89 35 19 27
E-Mail: admin@bda-dyslexia.demon.co.uk
Internet: www.bda-dyslexia.uk

USA
The International Dyslexia
Association (IDA)
Sekretariat:
Chester Building Suite 382
8600 LaSalle Road
Baltimore, Maryland 21286-2044 USA
Tel.: +0 14 10 2 96 02 32
Fax. +0 14 10 3 21 50 69
Internet: www.interdys.org

Testverfahren

BAKO 1–4. Basiskompetenzen für Lese-Rechtschreib-Leistungen. Ein Test zur Erfassung der phonologischen Bewusstheit vom ersten bis vierten Grundschuljahr. Von C. Stock, P. Marx und W. Schneider, Beltz, 2003

Rechtschreibtests

DRT 1. Diagnostischer Rechtschreibtest für 1. Klassen. Von R. Müller; 2., aktualisierte Auflage, Beltz, 2003

DRT 2. Diagnostischer Rechtschreibtest für 2. Klassen. Von R. Müller; 4., aktualisierte Auflage, Beltz, 2003

DRT 3. Diagnostischer Rechtschreibtest für
3. Klassen. Von R. Müller; 4., aktualisierte Auflage,
Beltz, 2003

DRT 4. Diagnostischer Rechtschreibtest für
4. Klassen. Von M. Grund, G. Haug und C. L.
Naumann; 2., aktualisierte Auflage, Beltz,
2003

DRT 5. Diagnostischer Rechtschreibtest für
5. Klassen. Von M. Grund, G. Haug und C. L.
Naumann; 2., aktualisierte Auflage,
Beltz 2003

HSP. Hamburger Schreib-Probe. Von P. May;
6., aktualisierte und erweiterte Auflage, 2002

RT. Rechtschreibtest. Von V. Kersting und
K. Althoff; 3., völlig überarbeitete und neu
normierte Auflage, Hogrefe 2004

WRT 1+. Weingartener Grundwortschatz Recht-
schreib-Test für 1. und 2. Klassen. Von P. Birkel,
1995

WRT 2+. Weingartener Grundwortschatz Recht-
schreib-Test für 2. und 3. Klassen. Von P. Birkel,
1994

WRT 3+. Weingartener Grundwortschatz Recht-
schreib-Test für 3. und 4. Klassen. Von P. Birkel.
1994.

Lesetests

KNUSPEL-L. Knuspels Leseaufgaben. Von H. Marx,
1998

SLRT. Der Salzburger Lese- und Rechtschreibtest.
Von K. Landerl, H. Wimmer und E. Moser,
Huber, 1997

SLS 1-4. Salzburger Lese-Screening für die Klassen-
stufen 1-4. Von H. Mayringer und H. Wimmer,
Huber, 2003

WLLP. Würzburger Leise Leseprobe. Von P. Küspert
und W. Schneider, 1998

Intelligenztests

CFT 1. Grundintelligenztest Skala 1. Von R. B.
Cattell, R. H. Weiß und J. Osterland; 5., revidierte
Auflage, 1997

CFT 20. Grundintelligenztest Skala 2 (CFT 20).
Von R. H. Weiß; 4., überarbeitete Auflage,
1998

HAWIK-III Hamburg-Wechsler-Intelligenztest
für Kinder III. Von U. Tewes, P. Rossmann und
U. Schallberger, 2000

K-ABC Kaufman Assessment Battery for Children,
Deutsche Version Individualtest zur Messung von
Intelligenz und Fertigkeit bei Kindern 6., teilweise
ergänzte Auflage. Von A. S. Kaufman, N. L. Kaufman, dt. Bearbeitung von P. Melchers und U. Preuß,
2001

Vorschulisches Screening

Bielefelder Screening zur Früherkennung von
Lese-Rechtschreib-Schwierigkeiten (BISC).
Von H. Jansen, G. Mannhaupt, H. Marx und
H. Skowronek; 2., überarbeitete Auflage, Beltz
2002

Sprachentwicklungstest

Heidelberger Sprachentwicklungstest (HSET).
Von H. Grimm und H. Schöler; 2., verbesserte
Auflage, 1991

Fördermaterialien für Eltern, Lehrer und für außerschulische Förderung

Rechtschreibtraining

Schulte-Körne, G., Mathwig, F. (2004): Das Marburger Rechtschreibtraining. Ein regelgeleitetes Förderprogramm für rechtschreibschwache Schüler. Dr. Winkler, Bochum

Frühförderung und Prävention

Dummer-Smoch, L., Hackethal, R. (1993): Kieler Leseaufbau. Veris, Kiel

Dummer-Smoch, L., Hackethal, R. (1993): Kieler Rechtschreibaufbau. Veris, Kiel

Forster, M., Martschinke, S. (2001): Leichter lesen und schreiben lernen mit der Hexe Susi: Das Nürnberger Trainingsprogramm zur phonologischen Bewusstheit. Auer, Donauwörth

Küspert, P., Schneider, W. (2001): Hören, lauschen, lernen – Sprachspiele für Vorschulkinder (3. Auflage). Vandenhoeck & Ruprecht, Göttingen Schulische Förderung und Einzelförderung auf der alphabetischen und orthografischen Stufe des Schriftspracherwerbs

Plume, E., Schneider, W. (2004): Hören, lauschen, lernen 2 – Spiele mit Buchstaben und Lauten für Kinder im Vorschulalter – Würzburger Buchstaben-Laut-Training. Vandenhock und Ruprecht, Göttingen

Reuter-Liehr, C. (2000): Lautgetreue Lese-Rechtschreibförderung. Winkler, Bochum

Tacke, G. (1999): Mit Hilfe der Eltern: Flüssig lesen lernen. Übungen, Spiele und spannende Geschichten. Auer, Donauwörth

Literatur

Einstiegsliteratur für Eltern

Firnhaber, M. (2000): Legasthenie und andere Wahrnehmungsstörungen: Wie Eltern und Lehrer helfen können. Fischer, Frankfurt/Main

Jokeit, H, Schaumann, R. (2003): Lesen und Schreiben [k]ein Problem. Hippocampus, Bad Honnef

Küspert, P. (2003): Neue Strategien gegen Legasthenie. Oberste Brink, Ratingen

Weiterführende Literatur

Ganser B., Richter W. (2003): Was tun bei Legasthenie in der Sekundarstufe? Auer, Donauwörth. Zur Förderung bei Legasthenie in der Sekundarstufe gibt es kaum Fachliteratur. Dieses Buch wurde herausgegeben, um diese Lücke zu schließen.

Haase, P. (2000): Schreiben und Lesen sicher lernen. borgmann publishing, Dortmund. Eine Sammlung von sehr unterschiedlichen Beiträgen zum Thema Legasthenie.

Klicpera, C., Gasteiger-Klicpera, B. (1995): Psychologie der Lese- und Schreibschwierigkeiten. Beltz, Weinheim. Eines der umfangreichsten psychologischen Fachbücher zum Thema Schriftspracherwerb, eine Fundgrube für wissenschaftlich Interessierte.

Klicpera, C., Schabmann, A., Gasteiger-Klicpera, B. (2003): Legasthenie. Ernst Reinhardt, München. Ein sehr gelungenes Buch, dessen zentrale Aussagen trotz zahlreicher Details klar herausgearbeitet werden. Empfehlenswert für Eltern wie für Lehrer.

Schulte-Körne, G. (2001): Lese-Rechtschreibstörung und Sprachwahrnehmung – Psychometrische und neurophysiologische Untersuchungen zur Legasthenie. Waxman, Münster. Ein wissenschaftliches Buch zu Fragen der Grundlagenforschung. Umfangreiche Darstellungen im

Literaturteil zur phonologischen Bewusstheit und Sprachwahrnehmung bei der Legasthenie.

Schulte-Körne, G. (Hrsg.) (2001): Legasthenie: erkennen, verstehen, fördern. Dr. Winkler, Bochum.
Aktuelle Übersichten zu allen relevanten Themen, Diagnostik, Ursachen, Förderung und Therapie bei der Legasthenie. Auch für interessierte Eltern geeignet.

Schulte-Körne, G. (Hrsg.) (2002): Legasthenie: Zum aktuellen Stand der Ursachenforschung, der diagnostischen Methoden und der Förderkonzepte. Dr. Winkler, Bochum.
Ausführliche Darstellungen der führenden Wissenschaftler Deutschlands.

v. Suchodoletz, W. (2003): Therapie der Lese-Rechtschreibstörung, Kohlhammer, Stuttgart.
Sehr gute Analyse der vielen Therapieangebote und umfangreiche Analysen auch zu den nicht wirksamen Therapien. Sehr empfehlenswert.

Wissenschaftliche Literatur

Deimel, W. (2003): Testverfahren zur Diagnostik der Lese-Rechtschreibstörung. Eine Übersicht. In: Schulte-Körne, G.: Legasthenie: Zum aktuellen Stand der Ursachenforschung, der diagnostischen Methoden und der Förderkonzepte. Dr. Winkler, Bochum

Deimel, W. (2003): Diagnostik der Lese-Rechtschreibstörung in: Schulte-Körne, G.: Legasthenie: Zum aktuellen Stand der Ursachenforschung, der diagnostischen Methoden und der Förderkonzepte. Dr. Winkler, Bochum

Dilling, H., Mombour, W., Schmidt, M. H. (Hrsg.) (1991): Internationale Klassifikation psychischer Störungen. Hans Huber, Bern

Esser, G., Wyschkon, A., Schmidt, M. H. (2002): Was wird aus Achtjährigen mit einer Lese- und Rechtschreibstörung – Ergebnisse im Alter von 25 Jahren. Zeitschrift für Klinische Psychologie und Psychotherapie 31

Frith, U. (1985): Beneath the surface of developmental dyslexia. In: K. E. Patterson, J. C. Marshall & M. Coltheart (Eds.) Surface dyslexia: neuropsychological and cognitive studies of phonological reading, 301–330. Hillsdale NJ: Lawrence Erlbaum

Gasteiger-Klicpera, B., Klicpera, C. (1988): Legasthenieförderkurse an den Grundschulen: Ein geeignetes Fördermodell? In: Dummer-Smoch, L.: Legasthenie. Bericht über den Fachkongress 1988. Bundesverband Legasthenie e. V.

Georgiewa, P., Rzanny, R., Gaser, C., Gerhard, U. J., Vieweg, U., Freesmeyer, D., Mentzel, H. J., Kaiser, W. A., Blanz, B.: Phonological processing in dyslexic children: a study combining functional imaging and event related potentials. Neuroscience Letters 18, 5–8

Guttorm, T. K., Leppanen, P. H., Tolvanen, A., Lyytinen, H.: Event-related potentials in newborns with and without familial risk for dyslexia: principal component analysis reveals differences between the groups. Journal of Neural Transmission 2003 Sep; 110: 1059–1074

Haffner, J., Zerahn-Hartung, C., Pfuller, U. Parzer, P., Strehlow, U., Resch, F. (1998): Auswirkungen und Bedeutung spezifischer Rechtschreibprobleme bei jungen Erwachsenen — empirische Befunde in einer epidemiologischen Stichprobe. Zeitschrift für Kinder- und Jugendpsychiatrie und Psychotherapie 26, 124–135

Klicpera, C., Schabmann, A., Gasteiger-Klicpera, B. (1993): Lesen- und Schreibenlernen während der Pflichtschulzeit: Eine Längsschnittuntersuchung über die Häufigkeit und Stabilität von Lese- und Rechtschreibschwierigkeiten in einem Wiener Schulbezirk. Zeitschrift für Kinder- und Jugendpsychiatrie 21, 214–255

Leppanen, P. H., Richardson, U., Pihko, E., Eklund, K. M., Guttorm, T. K., Aro, M., Lyytinen, H. (2002): Brain responses to changes in speech sound durations differ between infants with and without familial risk for dyslexia. Developmental Neuropsychology 22: 407–422

Lyytinen, H., Ahonen, T., Eklund, K., Guttorm, T. K., Laakso, M. L., Leinonen, S., Leppanen, P. H., Lyytinen, P., Poikkeus, A. M., Puolakanaho, A., Richardson, U., Viholainen, H. (2001): Developmental pathways of children with and without familial risk for dyslexia during the first years of life. Developmental Neuropsychology 20: 535-554

Lyytinen, P., Poikkeus, A. M., Laakso, M. L., Eklund, K., Lyytinen, H. (2001): Language development and symbolic play in children with and without familial risk for dyslexia. Developmental Neuropsychology 44: 873–885

Paulesu, E., Demonet, J. F., Fazio, F., McCrory, E., Chanoine, V., Brunswick, N., Cappa, S. F., Cossu, G., Habib, M., Frith, C. D., Frith, U. (2001): Dyslexia: cultural diversity and biological unity. Science 16, 291, 2165-2167

Ptok, M., Berger, R., von Deuster, Chr., Gross, M., Lamprecht-Dinnesen, A., Nickisch, A., Radü, H . J., Uttenweiler, V. (2001): Auditive Verarbeitungs- und Wahrnehmungsstörungen. HNO 48, 357–360

Ranschburg, P. (1928): Die Lese- und Schreibstörung des Kindesalters. Marhold, Halle

Richardson, U., Leppanen, P. H., Leiwo, M., Lyytinen, H. (2003): Speech perception of infants with high familial risk for dyslexia differ at the age of 6 months. Developmental Neuropsychology 23, 385–397

Rumsey, J. M., Nace, K., Donohue, B., Wise, D., Maisog, J. M., Andreason, P. (1997): A positron emission tomographic study of impaired word recognition and phonological processing in dyslexic men. Archives of Neurology 54, 562–573

Salmelin, R., Service, E., Kiesila, P., Uutela, K., Salonen, O. (1996): Impaired visual word processing in dyslexia revealed with magnetoencephalography. Annals of Neurolog. 40, 157–162

Scheerer-Neumann, G. (1988): Rechtschreibtraining mit rechtschreibschwachen Hauptschülern auf kognitionspsychologischer Grundlage: Eine empirische Untersuchung. Westdeutscher Verlag, Opladen

Schneider, W., Roth, E., Küspert, P., Ennemoser, M. (1998): Kurz- und langfristige Effekte eines Trainings der sprachlichen (phonologischen) Bewusstheit bei unterschiedlichen Leistungsgruppen: Befunde einer Sekundäranalyse. Zeitschrift für Entwicklungspsychologie und Pädagogische Psychologie 30, 26–39

Schulte-Körne, G. (2001): Annotation: Genetics of reading and spelling disorder. Journal of Child Psychology and Psychiatry 42, 985–997

Schulte-Körne, G., Weijda, S. (2002): Legasthenie/Dyskalkulie. Schriftenreihe der Bundesarbeitsgemeinschaft Hilfe für Behinderte. Band 202

Schulte-Körne, G., Remschmidt, H. (2003): Lese-Rechtschreibstörung (Legasthenie) – Symptomatik, Diagnostik, Ursachen, Verlauf und Behandlung. Deutsches Ärzteblatt 100 (A), 396-408. Schlusswort: Deutsches Ärzteblatt 100 (A), 2169–2170

Schulte-Körne, G., Remschmidt, H. (1996): Familiär gehäuftes Auftreten einer Konversionsstörung. Nervenarzt 67, 794–798

Schulte-Körne, G., Deimel, W., Remschmidt, H. (1997): Die Bedeutung von phonologischer Rekodierfähigkeit und orthografischem Wissen für die Rechtschreibfähigkeit Erwachsener. Zeitschrift für Klinische Psychologie 26, 210–217

Schulte-Körne, G., Deimel, W., Remschmidt, H. (1997): Can self-report data on deficits in reading and spelling predict spelling disability as defined by psychometric tests? Reading and Writing 9, 55–63

Schulte-Körne, G., Schäfer, J., Deimel, W., Remschmidt, H. (1997): Das Marburger Eltern-Kind-Rechtschreibtraining – Erste Befunde. Zeitschrift für Kinder- und Jugendpsychiatrie 25, 151–159

Schulte-Körne, G., Deimel, W., Bartling, J., Remschmidt, H. (1998a): The role of auditory temporal processing for reading and spelling ability. Perceptual and Motor Skills 86, 1043–1047

Schulte-Körne, G., Deimel, W., Remschmidt, H. (1998b): Das Marburger Eltern-Kind-Rechtschreibtraining. Verlaufsuntersuchungen nach zwei Jahren. Zeitschrift für Kinder- und Jugendpsychiatrie und Psychotherapie 25, 151–159

Schulte-Körne, G., Deimel, W., Bartling, J., Remschmid, H. (1998c): Auditory processing and dyslexia: evidence for a specific speech deficit. NeuroReport 9, 337–340

Schulte-Körne, G., Grimm, T., Nöthen, M. M., Müller-Myhsok, B., Cichon, S., Vogt, I. R., Propping, P., Remschmidt, H. (1998d): Evidence for linkage of spelling disability to chromosome 15. American Journal of Human Genetics 63, 279–282

Schulte-Körne, G., Deimel, W., Bartling, J., Remschmidt, H. (1999): The role of phonological awareness, speech perception, and auditory temporal processing for dyslexia. European Child and Adolescent Psychiatry 8, Suppl. 3, 28–34

Schulte-Körne, G., Bartling, J., Deimel, W., Remschmidt, H. (1999): Attenuated hemispheric lateralisation in dyslexia: evidence of a visual processing deficit. NeuroReport 10, 3697–3701

Schulte-Körne, G., Deimel, W., Bartling, J., Remschmidt, H. (1999): Pre-attentive processing of auditory patterns in dyslexic human subjects. Neuroscience Letters 276, 41–44

Schulte-Körne, G., Deimel, W., Bartling, J., Remschmidt, H. (2001): Speech perception deficit in dyslexic adults as measured by mismatch negativity (MMN). International Journal of Psychophysiology 40, 77–87

Schulte-Körne, G., Deimel, W., Hülsmann, J., Seidler, T., Remschmidt, H. (2001): Das Marburger Rechtschreib-Training – Ergebnisse einer Kurzzeitintervention. Zeitschrift für Kinder- und Jugendpsychiatrie und Psychotherapie 29, 7–15

Schulte-Körne, G., Deimel, W., Remschmidt, H. (2001): Zur Diagnostik der Lese-Rechtschreibstörung. Zeitschrift für Kinder- und Jugendpsychiatrie und Psychotherapie 29, 113–116

Schulte-Körne, G., Deimel, W., Remschmidt, H. (2003): Rechtschreibtraining in schulischen Fördergruppen – Ergebnisse einer Evaluationsstudie in der Primarstufe. Zeitschrift für Kinder- und Jugendpsychiatrie und Psychotherapie 31, 85–98

Schulte-Körne, G., Deimel, W., Remschmidt, H. (2003): Nachuntersuchung einer Stichprobe von lese- und rechtschreibgestörten Kindern im Erwachsenenalter. Zeitschrift für Kinder- und Jugendpsychiatrie und Psychotherapie 31, 4, 267–276

Schulte-Körne, G., Bartling, J., Deimel, W., Remschmidt, H. (2004a): Motion-onset VEPs in dyslexia – Evidence for visual perceptual deficit NeuroReport 15, 1075–1078

Schulte-Körne, G., Bartling, J., Deimel, W., Remschmidt, H. (2004b): Visual evoked potentials by coherently moving dots in dyslexic children. Neuroscience Letters 357, 207–210

Schulte-Körne, G., Deimel, W., Bartling, J., Remschmidt, H. (2004c): Neurophysiological correlates of word recognition in dyslexia. Journal of Neural Transmission 111, 971–984

Schulte-Körne G., Bartling J., Deimel W., Remschmidt H. (2004d): Visible persistence and dyslexia: No evidence for a magnocellular deficit. Journal of Neural Transmission 111, 941–550

Shaywitz, S. E, Fletcher, J. M., Holahan, J. M., Shneider, A. E., Marchione, K. E., Stuebing, K. K., Francis, D. J., Pugh, K. R., Shaywitz, B. A. (1999): Persistence of dyslexia: the Connecticut Longitudinal Study at adolescence. Pediatrics 104, 1351−1359

Strehlow, U., Kluge, R., Moller, H., Haffner, J. (1992): Der langfristige Verlauf der Legasthenie über die Schulzeit hinaus: Katamnesen aus einer Kinderpsychiatrischen Ambulanz. Zeitschrift für Kinder- und Jugendpsychiatrie; 20, 254−265

Tacke, G. (1999): Schulische und häusliche Leseförderung: empirische Befunde und Förderprogramme. Kindheit und Entwicklung 8, 153−157

Tacke, G., Wörner, R., Schultheiss, G., Brezing, H. (1993): Die Auswirkung rhythmisch-syllabierenden Mitsprechens auf die Rechtschreibleistung. Zeitschrift für Pädagogische Psychologie 7, 139−147

Trauzettel-Klosinski, S., Schäfer, W. D., Klosinski, G. (2002): Legasthenie − Grundlagen des Lesens − Lese-Rechtschreib-Störung − okuläre Lesestörung. Ophthalmologe 99, 208−229

Viholainen, H., Ahonen, T., Cantell, M., Lyytinen, P., Lyytinen, H. (2002): Development of early motor skills and language in children at risk for familial dyslexia. Developmental Medicine and Child Neurology 44, 761−769

Warnke, A., Remschmidt, H., Niebergall, G. (1988): Legasthenie, sekundäre Symptome und Hausaufgabenkonflikte. In: Dummer-Schmoch, L. (Hrsg.), Legasthenie. Bericht über den Fachkongress, 13−33. Hannover, Bundesverband Legasthenie 1989

Wimmer, H., Hartl, M. (1991): Erprobung einer phonologisch, multisensorischen Förderung bei jungen Schülern mit Lese-Rechtschreib-Schwierigkeiten. Heilpädagogische Forschung 17, 74−79

Glossar

ADS, ADHS, Aufmerksamkeitsstörung

Aufmerksamkeitsdefizit oder Aufmerksamkeitsdefizit-Hyperaktivitätsstörung sind Begriffe, die uneinheitlich für Schwierigkeiten der Aufmerksamkeitssteuerung und unruhiges Verhalten verwandt werden. In den letzten Jahren hat die Diagnose ADS deutlich zugenommen. Viele Kinder mit Schulproblemen werden fälschlicherweise als ADS-Kinder diagnostiziert. Die Diagnostik sollte durch einen Kinder- und Jugendpsychiater erfolgen, der sich auch mit den anderen psychischen Störungen auskennt. Neben der klinischen Diagnose Aufmerksamkeitsdefizit-Hyperaktivitätsstörung bzw. hyperkinetische Störung gibt es auch Legastheniker, die diese Störung zwar nicht zeigen, jedoch eine nicht ausreichende Aufmerksamkeit haben. Sie sind weder hyperaktiv noch impulsiv.

Anamnese

Mit Anamnese wird die Kranken- und Lebensgeschichte eines Menschen bezeichnet. Diese Anamnese wird im persönlichen Gespräch mit den Eltern erhoben. In die Anamnese gehören auch Schwangerschaft, Geburt und die Entwicklung in den ersten Lebensjahren. Die kinder- und jugendpsychiatrische Anamnese umfasst insbesondere die psychosoziale Entwicklung und die Familienanamnese.

Auditive Wahrnehmung

Der Begriff auditive Wahrnehmung ist sehr unspezifisch und wird für alle Bereiche der peripheren und zentralen auditiven Informationsverarbeitung genutzt.

Formant

Konzentration von Lautenergie (hohe Amplitude) in einem ziemlich engen Frequenzband, die durch die Resonanzräume von Mund, Nase, Rachenraum und

Lungen erzeugt wird. Formanten sind u. a. für Klangunterschiede, z. B. zwischen Vokalen oder zwischen Reibelauten (Frikativen, z. B. stimmhaftes S in Saft) verantwortlich. F0 ist die Grundfrequenz, F1 und F2 bestimmen im Wesentlichen die Vokalqualität.

Intrauterine Entwicklung
Die Entwicklung des Kindes während der Schwangerschaft bis zur Geburt

Klassifikationsschema
Um die häufigsten Erkrankungen einzuordnen und ihre Kernsymptomatik zu beschreiben, werden Klassifikationsschemata verwendet. Die WHO gibt in regelmäßigen Abständen ein Klassifikationsschema heraus, das ICD (*International Statistical Classification of Diseases and Related Health Problems*). Zurzeit ist das gültige Schema das ICD-10. Dieses Schema dient dazu, Krankheitsbilder zu klassifizieren. Es soll angemessen zwischen Störungen differenzieren und klinisch sowie wissenschaftlich anwendbar sein. Bei der Darstellung der einzelnen Störungen, zu denen auch die Lese-Rechtschreib-Störung und die isolierte Rechtschreibstörung gehören, finden Sie Angaben zur Symptomatik, zur Diagnostik, zur Häufigkeit, zum Verlauf und zur Therapie.

Koordinationsfähigkeit
Die Koordinationsfähigkeit der motorischen Funktionen bezeichnet die Steuerung und Ablauf von Bewegungen. Eine normale Koordinationsfähigkeit liegt vor, wenn entsprechend der Entwicklung des Nervensystems motorische Funktionen, wie z. B. Hand- oder Beinbewegungen, geordnet, d. h. koordiniert ablaufen.

Morphem
Das Morphem ist die kleinste bedeutungstragende Einheit einer Sprache. Das Wort *Baumstamm* besteht z. B. aus den beiden Morphemen *Baum* und *Stamm*.

Okuläre Lesestörung
Der Begriff okuläre Lesestörung bezeichnet die Formen von Lesestörungen, die auf Störungen der Augenmotilität, der Koordination der Augen, des beidäugigen Sehens und des Ein- oder Auswärtsschielens zurückgeführt werden können. Der Anteil der okulären Lesestörungen an der Lese-Rechtschreib-Störung wird auf bis zu 20 % geschätzt.

Phonem
Kleinster, sequenzieller, lautlicher Bestandteil eines Wortes. Phoneme werden durch ihre phonetische Ähnlichkeit definiert und tragen distinktive, d. h. wortunterscheidende Funktionen. Wir unterscheiden z. B. *Baum, Saum* und *kaum*. Es gibt für jede Sprache einen charakteristischen Phonem-Bestand.

Plosivlaute
Konsonant, bei dem die Kehlhöhle und der weiche Gaumen vorübergehend vollständig abgeschlossen werden, woraufhin die zusammengedrückte Luft explosiv entweicht. Bei der Bildung eines Plosivs (p, t, k) werden artikulatorisch drei Phasen unterschieden: die Verschlussbildung (I), die Verschlussphase (II) und die Verschlusslösung (auch »burst« im Englischen) (III). In der ersten Phase bildet das artikulierende Organ (Lippen, Zungenspitze, Zungenrücken) einen vollständigen Verschluss mit der Artikulationsstelle (labial, alveolar, velar). Während dieser Zustand über einen bestimmten Zeitraum aufrechterhalten wird, staut sich hinter dem Verschluss der expiratorische Luftstrom (Phase II), bis sich der Verschluss unter explosiver Geräuschbildung in der dritten Phase löst.

Pseudowort
Pseudowörter sind künstlich gebildete Wörter auf der Grundlage von bereits existierenden Wörtern, z. B. die Bildung *Atamm* aus *Stamm*. Pseudowörter werden eingesetzt, um die Buchstaben-Laut-Zuordnung zu überprüfen.

Rechtschreib-Algorithmen

Mit einem Algorithmus wird eine Verarbeitungsvorschrift bezeichnet, die zur Lösung eines Problems dient. Im Zusammenhang mit der Rechtschreibung werden Rechtschreib-Algorithmen im *Marburger Rechtschreibtraining* eingesetzt. Der Aufbau eines Algorithmus ist so gestaltet, dass für ein Rechtschreibproblem nacheinander Lösungsschritte vorgeschrieben sind, die abgearbeitet werden. Algorithmen stellen ein sehr strukturierendes und lösungsorientiertes Element des Trainingsprogramms dar.

Schriftspracherwerb

Mit Schriftspracherwerb werden die Entwicklungsschritte bezeichnet, die zur Lese- und Rechtschreibfähigkeit führen. Diese Schritte umfassen die Entwicklung von phonologischen und orthografischen Fähigkeiten.

Screening

Screening ist eine Methode, um möglichst eine Vielzahl von Individuen, meist unter Einsparung von Zeitaufwand und Kosten, hinsichtlich des Vorliegens eines Merkmals oder einer Fähigkeit zu untersuchen. Screening-Verfahren bei der Diagnostik der Legasthenie sind dadurch gekennzeichnet, dass sie recht schnell einen Eindruck über die kognitiven Fähigkeiten sowie über die Lese- und Rechtschreibfähigkeit geben. Zur genaueren Analyse werden umfangreichere Testverfahren durchgeführt.

Standardisierter Test

Standardisierung bedeutet die Festlegung von vorher definierten Standards. Diese sind bei psychologischen Testverfahren die Zuverlässigkeit, die Objektivität, die Gültigkeit und Vergleichbarkeit. Hierzu kommen die standardisierte Durchführung, Auswertung und Interpretation des Tests.

Testnormen

Die *Normierung* gehört zu den Gütekriterien eines Tests. Mit Normierung ist die Eichung des Tests für eine bestimmte untersuchte Population gemeint. Der Begriff Normierung wird auch gleichbedeutend mit *Standardisierung* verwandt. Bei der Normierung werden bei Rechtschreibtests z. B. alle Schüler der vierten Klasse in den letzten drei Monate des vierten Schuljahres untersucht. Die im Test gemessene Leistung kann daher auch nur in Bezug zu der Normierungsstichprobe bewertet werden.

Register

Behandlung / Hilfsmaßnahmen

Knaur

→ Pädaudiologische Behandlung

→ Logopädische Behandlung
→ Unterstützung der logopädischen Behandlung durch häusliche Übungen

→ Anregung zum Lesen zu Hause
→ Reim- und Silbenspiele zu Hause
→ Frühförderung mit dem Programm »Hören, Lauschen, Lernen« in den letzten sechs Monaten des Kindergartens

→ Leseförderung zu Hause
→ Tägliches Lesen von einzelnen Texten angemessener Schwierigkeit
→ Schaffen eines familiären Leseklimas
→ Schulische Förderung in Kleingruppen anhand von evaluierten Förderprogrammen
→ Kleingruppen bis maximal sechs Kinder, möglichst leistungs- homogene Gruppen
→ Förderung möglichst zweimal wöchentlich
→ Außerschulische Einzelförderung oder in Kleingruppen anhand von evaluierten Förderprogrammen, möglichst zweimal wöchentlich
→ Kontakt zu Elternselbsthilfe-Gruppen (BVL, Bundesverband Legasthenie und Dyskalkulie)

Im ersten Schuljahr
Beim Lesen:

- ❑ Einzelne Laute des Wortes können nur schlecht unterschieden werden
- ❑ Verlieren der Zeile im Text, Buchstaben verschwimmen
- ❑ Kopfschmerzen beim Lesen
- ❑ Blinzeln beim Lesen

Beim Schreiben:

- ❑ Geringe Buchstabenkenntnis
- ❑ Schwierigkeiten beim Schreiben von Buchstaben, Wörtern und Sätzen
- ❑ Geringe Motivation zum Schreiben von Wörtern
- ❑ Fehler beim mündlichen Buchstabieren
- ❑ Hohe Fehlerzahl beim Abschreiben von Texten

Im dritten und vierten Schuljahr

- ❑ Langsame Lesegeschwindigkeit
- ❑ Leseverständnis gering
- ❑ Viele Fehler bei Diktaten, insbesondere bei ungeübten Diktaten

- ❑ Kopfschmerzen, Bauchschmerzen morgens vor der Schule
  (vor allem an Tagen vor Diktaten – nicht in den Schulferien!)
- ❑ Nächtliches Einnässen, wenn zuvor bereits seit Jahren trocken
- ❑ Verstimmung, Traurigkeit, wenig Selbstvertrauen
- ❑ Hausaufgaben dauern ungewöhnlich lange (bis zu 3 – 4 Stunden)
- ❑ Angespannte Elternsituation mit gegenseitigen Vorwürfen
- ❑ Neu aufgetretenes unruhiges Verhalten in der Klasse
- ❑ Unvollständige oder fehlende Hausaufgaben
- ❑ Zurückgezogenheit, Traurigkeit
- ❑ Provozierendes Verhalten
- ❑ Geringe oder wechselnde Aufmerksamkeit, leichte Ablenkbarkeit

Was tun bei Legasthenie? – Der Schnell-Check

Symptome

Untersuchungsmöglichkeiten

Vor der Einschulung

- ❑ Verspäteter Sprechbeginn
- ❑ Wenig komplexe Äußerungen (geringe Satzlänge im Alter von zwei Jahren)
- ❑ Geringer Wortschatz
- ❑ Artikulations- bzw. Aussprachefehler
- ❑ Schwierigkeiten bei der Lautunterscheidung

- ❑ Schwierigkeiten, Reime zu bilden
- ❑ Schwierigkeiten, Silben zu klatschen
- ❑ Schwierigkeiten, Wörter und Texte im Gedächtnis zu behalten
- ❑ Desinteresse an Sprach- und Singspielen

→ Höruntersuchungen beim Facharzt

→ Logopädische Untersuchung
→ Untersuchung der Sprachentwicklung

→ Vorschulisches Screening: im letzten Jahr des Kindergartens, z.B. BISC (Bielefelder Screening zur Früherkennung von Lese- und Rechtschreibschwierigkeiten)

Im ersten Schuljahr
Beim Lesen:

- ❑ Buchstaben des Alphabets werden nur langsam gelernt
- ❑ Zuordnung von Buchstaben zu Laut gelingt sehr schlecht
- ❑ Buchstaben werden ausgelassen, hinzugefügt oder ersetzt
- ❑ Silbengliederung gelingt nur teilweise
- ❑ Langes Zögern beim Lesen
- ❑ Zusammenziehen von Einzellauten zu einem Wort bereitet Schwierigkeiten
- ❑ Langsames Lesetempo
- ❑ Größere Leseprobleme bei längeren Wörtern
- ❑ Ganze Wörter werden ausgelassen oder ersetzt
- ❑ Wortendungen werden nicht gelesen
- ❑ Schwierigkeiten, aus dem Gelesenen Zusammenhänge zu erkennen und Schlussfolgerungen zu ziehen

→ Standardisierter Lesetest
→ Standardisierter Intelligenztest
→ Testverfahren zur Lese- und Rechtschreibentwicklung
→ Testverfahren zur phonologischen Bewusstheit

→ Untersuchung des Hörens (Facharzt für Pädaudiologie)
→ Untersuchung des Sehens (Augenarzt mit Orthoptist/in)

→ Lautunterscheidungstraining
→ Ggf. Sehkorrektur (z. B. durch Brille)

→ Standardisierter Rechtschreibtest
→ Standardisierter Intelligenztest
→ Testverfahren zur Lese- und Rechtschreibentwicklung

Rechtschreibförderung in der Schule:
→ Schulische Förderung anhand von evaluierten Förderprogrammen
→ Kleingruppen bis maximal sechs Kinder, möglichst leistungs-homogene Gruppen
→ Förderung möglichst zweimal wöchentlich
→ Kontakt zu Elternselbsthilfe-Gruppen

→ Standardisierter Lesetest
→ Standardisierter Intelligenztest
→ Standardisierter Rechtschreibtest
→ Testverfahren zur Lese- und Rechtschreibentwicklung

→ Schulische Förderung in Kleingruppen nach einem evaluierten Programm
→ Zusätzliche Hausaufgabenbetreuung
→ Außerschulische Einzelförderung nach einem evaluierten Programm
→ Leseförderung, Rechtschreibtraining zu Hause nach einem evaluierten Programm (z. B. Marburger Rechtschreibtraining)

Section 4

→ Kinder- und Jugendpsychiatrische Untersuchung
→ Leistungs- und Verhaltensdiagnostik
→ Untersuchung von Hirnfunktionen
→ Seh- und Hörtests

→ Elternberatung
→ Einzel- oder Gruppentherapie
→ Familienberatung
→ Kombinierte Leistungsförderung mit Psychotherapie